とちぎに生きる
渋沢栄一

地域振興 陰の立役者

まえがき

渋沢栄一（1840―1931年）は日本資本主義の父といわれる。現在のみずほ銀行、東京証券取引所、東京ガス、東京海上日動火災保険、王子製紙、東急、キリンホールディングス、サッポロビールなど多くの大手著名企業の設立に関与するなど、多業種にわたって500以上の企業を育て、また約600の社会貢献事業にも関わりをもった。

晩年は民間外交にも力を尽くし、ノーベル平和賞候補に2回選ばれた。1927（昭和2）年、野口雨情作詩の童謡「青い目のお人形」が縁で、日米友好と両国の児童親善の記念に、米国から約1万3千体もの青い目の人形が贈られた。その受け入れ窓口になったのは、当時87歳の渋沢であった。

そのように日本の経済環境の基礎づくりに奔走した渋沢は2024年、新紙幣発行に伴う肖像画のモデルとして、新1万円札の顔となり、また2021年、NHK大河ドラマ第60作目に当たる「青天を衝け」で、主人公として、渋沢が描かれることになっている。

こうしたトピックスもあり、幕末から明治、大正、昭和と激動の時代にあって、確固たる日本経済の基礎を築いた渋沢の生き方や実績が、混沌とした現代への指針としてあらためて各方面から注目を浴びている。

渋沢は「道徳経済合一説」を唱えた。この中で、真の利益は倫理をもつ経済活動から得られると説く。1916（大正5）年の著作「論語と算盤《そろばん》」は今も静かなロングセラーとなっている。

渋沢の業績は全国各地に及んでいるが、栃木県でも日光、足利、宇都宮市をはじめ数多くの足跡や業績が残されている。渋沢自身が直接、県内で陣頭指揮を執った事業は少ないものの、広範な事業への出資や経済界の人脈を生かして資本家や政府要人への橋渡しを行った。

これにより、多くの企業や人材を育て、栃木県でも産業が明治から大きく発展する地域振興の礎石をしっかり築いた。

本書では、渋沢の栃木県内における足跡や業績を紹介するとともに、令和の今につながる渋沢の考えや事業、それが及ぼした影響などについても探った。

目次

序章

73歳の渋沢が宇都宮で語ったこと

序章

73歳の渋沢が宇都宮で語ったこと

宇都宮商工会議所での講演

１９１３（大正２）年10月、渋沢栄一は日光東照宮三百年祭の奉賛会会長として日光来訪の帰途、宇都宮を訪問。宇都宮商工会議所で上野松次郎会頭ら会員約５００人を前に、１時間ほど講演した。渋沢はこの時73歳。男爵位を得ていた。

奉賛会は西山真平日光町長らの提唱により、中央財界など各界の協賛を得て、２年後の三百年祭を盛大に挙行するためこの年に発足した。

初代会長は林薫伯爵で、渋沢は顧問であった。ところが林が急逝したことから9月、推挙されて会長に就き、その1か月後の日光、宇都宮訪問だった。

現在のJR東北線や、渋沢が関わったJR日光線は、明治20年代中頃には開通していた。渋沢はこの日、講演を終えると午後4時頃、宇都宮駅から汽車で帰京した。

渋沢が講演した1913年当時の国内は第一次世界大戦の勃発を前に、不況が厳しさを加え、宇都宮駅扱いの貨物量も減少。同会議所では営業税廃止論議が高まっていた。

渋沢の講演要旨は宇都宮商工会議所五十年史（1944年発行）に詳しく記載されていて、宇都宮との縁や当時の激動する世界情勢の中にあって、日本のあるべき立ち位置などを熱く語った。

まず、渋沢は「宇都宮とは古い縁故を持っています」と語りだす。「私が当地に初めて参りましたのは五十年前で、当時はご維新前のこととて今のような地位ではなく、書生のような浪人のような申し上げようのない時代でありました。」

2回目は「元治元年（1864）の六月ごろ参ったことがあります。その時、私は一橋家の家来で、ごく軽輩なる士として藩の用向で野州（栃木県）の一橋家の領地に用を帯びて来たとき、一泊しました。」

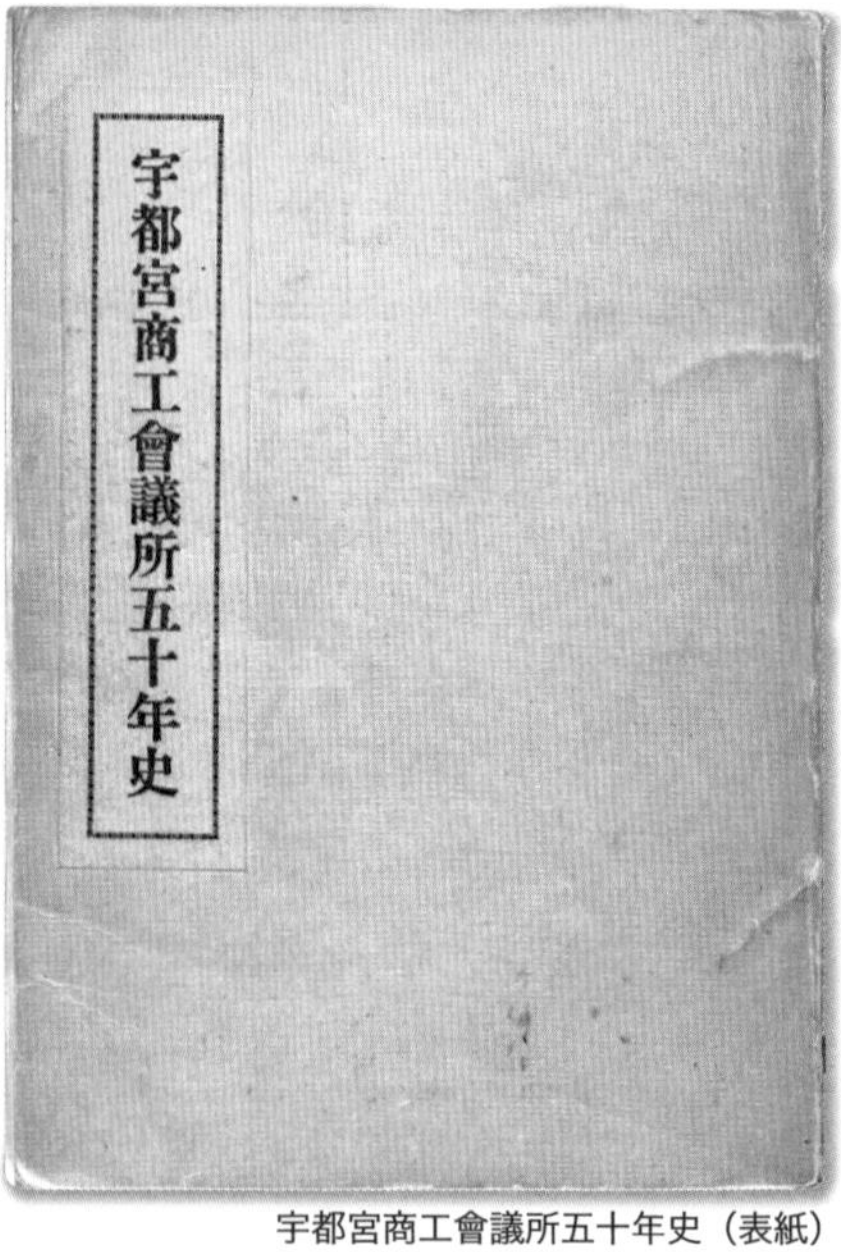
宇都宮商工會議所五十年史（表紙）

3回目は「東京（商工）会議所の会頭をやっていた時、確か十五、六年ほど前、銀行の会合の際、当地の実業家諸君とお逢いしたように記憶しています」と宇都宮との関わりを説明している。明治維新を挟んで身分や肩書が劇的に変化していった渋沢だった。

渋沢は1840（天保11）年、現在の埼玉県深谷市の農家に生まれた。幼いころから家業の染料原料、藍玉の製造、販売、養蚕を手伝い、7歳から、いとこの尾高惇忠のもとで論語など学問を学んだ。

20代で倒幕思想を抱き、惇忠やいとこの渋沢喜作らとともに高崎城乗っ取りを計画したが、惇忠の弟、長七郎の説得で断念した。そこで何かと気が合う喜作と京都に向かい、後に第15代将軍となる一橋（徳川）慶喜に仕えるようになった。

農民から尊王攘夷の志士に、それから主張が相反する幕臣へと立場が大きく変わっていく。慶喜の存在なしに渋沢は語れない。幕臣から明治政府の役人として新しい時代を切り開くことができたのは慶喜との出会いがあったからだ。元幕臣の渋沢には徳川家康を祀る日光東照宮や聖地・日光には特別の思い入れがあった。

講演で渋沢は2回目に宇都宮を訪れたのは一橋家の領地に用があって、と明かしている。幕末当時、栃木県内の一橋家の領地は高根沢町など塩谷地区と芳賀地区の2か所にあった。

芳賀地区では、現在の真岡市柳林《やなぎばやし》も一橋家領地に含まれていて、渋沢一族は、ここに柳林農社《りゅうりんのうしゃ》という蚕種（蚕の卵）と製茶を業とする会社を設立している。

柳林は渋沢の実家、深谷から遠く離れているものの、近くを流れる鬼怒川の水運が利用できるなど地の利があり、さらに、その場所が、かつての主君・一橋家の領地だったことも会社の設置場所を決める大きな要因になったようだ。

宇都宮での講演で、渋沢は米国カリフォルニア州での日本人排斥運動に触れた。この講演の前年、カリフォルニア州議会で日本人移民の農地所有を禁止する排日土地法案が可決していた。経済界の先頭に立って日米民間外交に熱心に取り組んできた渋沢としては、我慢ならない排斥運動だった。

「実に加（カリフォルニア）州の邦人排斥は人道に反している。これは米国人も言っているのだから日本人が憤慨するのは当然であり、これに対処する強い覚悟が必要である。（中略）では、どんな覚悟が必要かと申せば、まずお互いに十分勉強して国富の推進を図らねばならぬ。次に公徳心の涵養だ。時間の正確、車に乗って婦人や年寄りをいたわる、公園の花木を採らぬというふうに日本人の公徳心を世界に出して恥ずかしくないまでに高めなければならない」と語り、まずは日本人の公共マナーが重要と説いている。

渋沢は中国との関係にも触れた。講演の2年前、中国で孫文が主導した辛亥革命が起き、276年間続いた清朝が倒され、中華民国が樹立された。

講演では「支那（中国）のことなど宇都宮の実業界に無用不急とおぼしめすかもしれんが、決してそうではない。一昨年の革命は余りに急激で、お互い意外な気がした。一朝にして愛親覚羅氏（清朝皇帝）の宗社が破れたということは支那の事情に通じた人も我が当局も予想しなかったようだ」と清朝皇帝の突然の退位に驚いた様子。

そのうえで渋沢は「本年二月の初めでしたか、今の革命の首脳だった遜逸仙（孫文）が参った。東京の人士が色々考えて実業の関係をつけようと縷々《るる》会合、両国合併の中華興業会社を創立することに話が決まった。（中略）ところがその遜が三月二日出発、京阪神長崎を経て二十一日帰国すると、革命後の政府が確定しておらず、袁政府ができ、政党ができる、色々と物議が起き、軋轢《あつれき》を生じ、遜の滞在中は調和ができていたのが、帰ると支那の政界急を告げ、ついに南北相反して戦乱を生じたため、せっかく成立した中華興業も発展の機会がない」と残念がった。

渋沢は徹底した貿易立国論者だった。辛亥革命で樹立された政府に対しても、孫文らを通じ、中国の経済体制の整備に向け、最大限の助言をするつもりだったという。

対中政策については、「ドイツは大きな鉄道を目論んでいる。フランスは北京に中央銀行を立てた。すなわち中仏銀行である。日本は鉄砲を撃って金儲けをすることは知っているかもしれないが、甚だ不満足である。実際的に政治経済が完全でないからだ。（中略）年寄りの私どもですら奮励しているのだ。諸君はもっと頑張ってもらいたい」と日本の対中政策を非難し、会場を埋めた聴衆にはっぱをかけた。

講演の結びは教育問題だった。「昔の眼、昔の習慣から見ますと、今の学問は形式に流れ、形のみを善くして魂に力が入ってこないと思う。帝大も私学もその弊を見る。学生が甚だしきは試験のために学問しているような弊害まである」と厳しく批判し、高等教育の問題点を指摘した。

宇都宮商工会議所の建物と渋沢の扁額

渋沢が講演した宇都宮商工会議所の建物は1893（明治26）年、前身である宇都宮商業談話会の肝いりで竣工した。所在地が旭日台《あさひだい》であることから、旭日館《きょくじつかん》と呼ばれ、そのお披露目とともに商業談話会は商工会議所に生まれ変わった。

　この木造の会議所は１９２２（大正11）年、会議所創立30周年記念事業として新築することが決議された。公会堂も兼ねていた旭日館が狭小で不便になったためで、１９２８（昭和３）年に大谷石建築の近代的なビルに生まれ変わり、竣工した。

　これを設計したのが宇都宮工業学校（現・宇都宮工業高校）校長の安美賀《やすみよし》だった。安は建物に地元産の大谷石を積極的に使うことにし、東京・内幸町の帝国ホテル新館（ライト館）を視察した。

宇都宮商工会議所の建物「旭日館」（藤原宏史氏提供）

帝国ホテルは渋沢が会長を務め、支配人に抜てきした林愛作が米国人フランク・ロイド・ライトに依頼して設計した。ライトは建材となる全国の石を吟味した結果、大谷石を採用したのだった。竣工の1923（大正12）年に関東大震災が発生したが、建物の被害は免れたことから、大谷石は地震、火災に強いと評判になり、需要が県内外で一気に高まった。

現在の宇都宮商工会議所の会頭室には渋沢の扁額が掲げられている。「馬踏春泥半是花」という唐時代の七言絶

渋沢栄一の書（宇都宮商工会議所会頭室）

句で、「青淵書」と渋沢の号がある。「馬、春泥を踏むに、半ばこれ花か」と、中国大陸の厳しくも美しい自然を読んでいる。

この額は1969（昭和44）年、同会議所常議員の岩田敬さん（栃木県図書教材代表取締役）から寄贈された。

渋沢は論語だけでなく、漢詩も好み、自分でも漢詩を詠んでいたという。

宇都宮商工会議所は2010（平成22）年9月、「激動の時代に生きた実業家の企業家精神に学ぶ」をテーマに、渋沢の業績や人物像を紹介するキャンペーンを展開した。同会議所広報誌「天地人」で渋沢の業績を紹介する特集記事を掲載した。イベントとしては、東京都北区にある渋沢史料館の出張展示「渋沢栄一～近代日本経済社会の基礎をつくる～」と、シンポジウム「関東（関八州・宇都宮）と近代日本社会のリーダーたち」をいずれも宇都宮市内で開催し、好評を博した。

第1章

日光線開業130年
渋沢の支援で実現した鉄道敷設

第1章

日光線開業130年 渋沢の支援で実現した鉄道敷設

託された加藤家文書

1980（昭和55）年6月、日光市小代の土地家屋調査士、加藤久さんは同じ地区出身の元三菱銀行頭取、加藤武男（今市市名誉市民）の長男、武彦さんから連絡を受け、武男の生家を訪れた。その場で武彦さんから、この家を処分したいので、保管していた

古い文書や写真、資料などを預かってほしい、と頼まれた。

加藤武男の父、昇一郎は名主で広大な山林を有し、県議会副議長も務めた。地域の有力者で鹿沼銀行など地元銀行の役員を務めたほか、木材から酢酸を精製する会社を日光市の地元に設立した。昇一郎は親交があった渋沢栄一らの出資で相次ぐ増資を行い、国内トップの工業用酢酸メーカーに発展させ、明治の殖産興業に大きく貢献した。

昇一郎は、初代栃木県議会議長で、当時の県政財界の大物だった安生順四郎（鹿沼市）や那須野が原開拓に尽力した矢板武（矢板市）らとともに、日光の社寺や文化財を守る保晃会を設立した。また、宇都宮と今市、日光を結ぶ日光鉄道の敷設運動に熱心に取り組み、外国人向けのホテルを日光市に開業、自ら社長を務めた。

JR宇都宮駅で開かれた日光線開業130周年イベント
（2020年8月2日付下野新聞）

資料を所有していた加藤武彦さんは昇一郎の孫だが、祖父の代から受け継いだ資料を地元、小代や旧落合村の郷土史研究に役立ててほしい、と久さんに託したのだ。

久さんは旧落合村の発展経緯を歴史資料で分析する「落合の昔を偲ぶ会」の会長でもあり、加藤家文書などを解読した成果を郷土史誌「今市史談」にたびたび発表していた。

その「偲ぶ会」元会長は元今市市議の駒場明房さんで、100歳を超えた今も地元の生き字引として知られ、旧落合村や今市の往時の記憶は鮮明だ。

加藤久さんが受け取った加藤家文書は整理したところ、明治20年代の文書を中心に約180点あった。昇一郎が県議で関わった県内土木工事概要や、コレラ対策についての県感謝状、上都賀地域の特産品だった朝鮮人参の栽培記録など多岐にわたる。この中に含まれていたのが日光

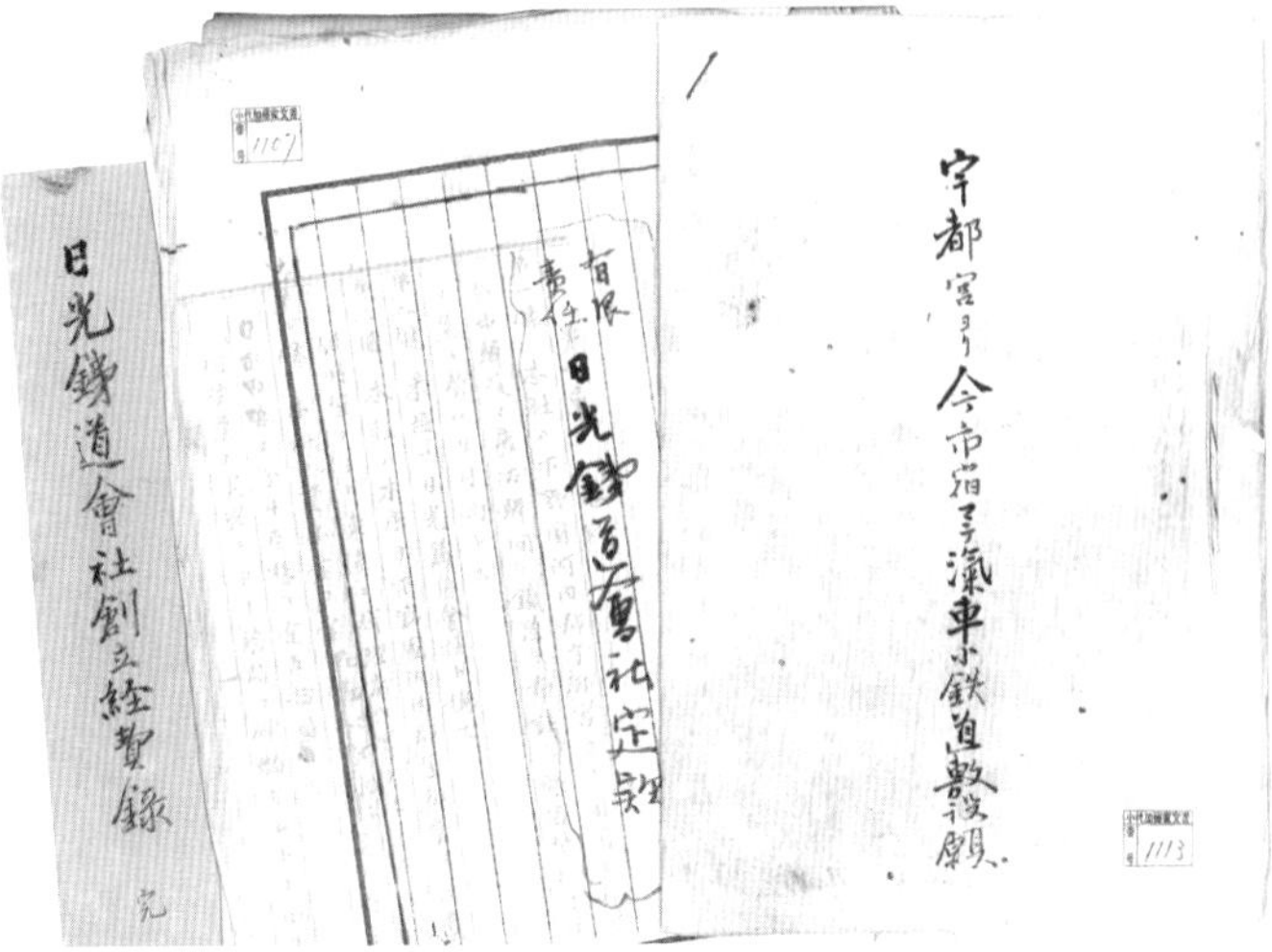

日光鉄道敷設願（加藤久氏所蔵）

鉄道の敷設を県に陳情するための文書類だ。

　まず、昇一郎らが4代目栃木県令、樺《かば》山《やま》資《すけ》雄《お》に出した陳情書「宇都宮より今市宿まで汽車小鉄道敷設願」（原文カタカナ。明治19年6月）。それに「有限会社日光鉄道会社定款」（明治20年5月）と「日光鉄道会社創立経費録」（明治21年9月）だ。

　このうち、敷設願は抜粋

で、正式な陳情書を作るための下書きとみられるが、定款には昇一郎ら地元発起人総代7人の押印がある。

この定款作成の段階では、地元有志で日光鉄道というローカル鉄道会社を設立する。宇都宮、今市両駅間に鉄道を敷き、その区間の途中から分岐し、鹿沼駅への支線を敷く路線だ。軌道の幅は東北線などより狭く、汽車も一回り小さい小鉄道（軽便鉄道）で開業する、という目論見だった。

ルートは今の日光線と大きく異なる。独自の測量の結果、宇都宮駅から駒生、荒針、栃窪、文挟、小代、板橋を経て今市宿に至るルートを県に提案した。日光街道と例幣使街道を横切るルートで、鹿沼へは栃窪から分岐する。

上都賀地域を走る鉄道であり、資本は地元で調達し、身の丈に合った鉄道経営に徹する、という考えだった。これを明治政府の鉄道局が認めるよう、県令に力添えを依頼した。発起人に当時の有力者が名を連ねていたためか、陳情の1か月後、1886(明治19)年には仮免許交付までこぎつけた。

渋沢の出資、助言で鉄道建設は大きく動く

日光鉄道会社は仮免許こそ交付されたものの、鉄道の規格が小型の小鉄道としたことから、鉄道局に反対され、計画の見直しを求められた。日光には東京から多くの外国人や国内賓客が訪れることを想定すると、鉄道の規格を小鉄道とすることは問題で、機関車もその他鉄道施設も日本鉄道会社(後の国鉄)の規格に準じるべき、と指摘された。

さらに鉄道の建設工法や会社の資金計画も問題あり、とされた。

しかし、鉄道規格を変えると、建設計画自体を大きく見直すことになり、経費が増大する。日光鉄道会社では発着が宇都宮駅となる以上、いっそ運営を日本鉄道に委託しては、との意見が出され、さっそく鉄道局に要望した。しかし、日本鉄道会社の反応は東北線や両毛線、水戸線などの敷設工事で手一杯、と厳しいものだった。

このため、日光鉄道は1888（明治21）年9月、株主総会を開いて役員改選を行った。その結果、第一国立銀行頭取の渋沢栄一、下野銀行頭取、矢板武ら資産家5人を新たに役員に迎え、渋沢を創立委員長に推挙して万全の体制を整えた。

ここでは加藤昇一郎や矢板らが酢酸製造など栃木県内の諸事業を通じ、渋沢と懇意にしており、地元や日光の観光振興のため、一肌脱いでほしいと、頼み込んだようだ。

日光鉄道の新役員5人は折に触れ、早期着工を各方面に働き掛けたことで、その効果が表れた。

1889（明治22）年6月、日本鉄道の理事会が開かれ、ここで井上勝鉄道局長が日本鉄道に日光鉄道の経営を強く勧めた。また渋沢が日本鉄道の理事委員の立場で着工を強く要請した。渋沢は陳情者である日光鉄道の創立委員長であり、さらに日本鉄道の役員でもあった。加藤昇一郎らにとって、これほど強力な支援者はいなかった。

日本鉄道は理事会で、日光鉄道を日本鉄道の東北線の支線として一体的に建設し、その運営も行うことを決議し、地元の悲願だった鉄道の着工、開業に向けて大きく動き出した。

その後、日本鉄道では日光線建設に向け、あらためて測量を行い、建設工法やルート、駅の場所などを大幅に変更した。その結果、ルートは宇都宮駅から南下し、鶴田、砥上、鹿沼を経て今市に至る、現在のルー

明治時代の日光駅舎（鉄道博物館提供）

トが決まっていった。

建設工事は１８９０（明治23）年1月に着工され、同年6月1日、宇都宮、今市両駅間で運行が開始された。その後、日光までの延伸が決まった。今市が終点でなくなることに不満の声も聞かれたが、突貫工事によって宇都宮駅から日光駅まで全線開通した。同年8月1日、盛大な開通式が日光駅で行われた。

開通式の日光駅周辺の様子を、当時の下野新聞記事は「駅前には大アーチが飾られ、停車場は四棟でできており、宇都宮駅より素晴らしく見えた」と報じた。

開業後、日光駅前には始発の午前6時半ごろから最終列車が着く午後5時半ごろまで、車夫や宿の客引きが大勢群がっていた、とある。

当初の陳情とは違い、日光線は国有鉄道の軌道となった。しかし、東京と日光が鉄路で直結され、国際観光地、日光に国内外から大勢の観光客を運んでくるようになった。鉄道の開通が観光開発だけでなく、沿線地域の生活の利便性向上や地域の振興、発展に大きな役割を果たしてきた。

「落合の昔を偲ぶ会」元会長の駒場さんは、自宅の近くを走る日光線の開業について、次のように語る。

「着工から半年程度で開通できたのは、行政が権力を駆使し、用地買収を迅速に進めたからで、用地費用も安く抑えられたと聞いています。鉄道の沿線では、汽車が通ると火花が散るとか、鶏が卵を産まなくなるという噂が立った。地域の上層部は地域が発展すると開通を歓迎したが、一般の人は、汽車は東京に行く時しか使わず、普段は従来通り、コメを馬に乗せ、今市、鹿沼、宇都宮に売りに行った。農家の生活は大変だったので、鉄道に乗りたくても、利用できなかった」

日光ホテル開業

日光鉄道が開通する2年前、1888(明治21)年9月、日光市安川町の日光奉行所跡地に本格的な外国人向けの日光ホテルが開業した。町制施行で

外国人観光客でにぎわった日光ホテル
(北海道大学附属図書館北方資料室提供)

日光町が誕生する前年だった。

木造2階建て、一部3階建てで客室20室を有し、トイレや浴室、遊技場、バーを完備し、外国人仕様になっていた。

日光ホテルの設立を立案した中心メンバーも日光鉄道の発起人、加藤昇一郎だった。加藤は日光鉄道の開業だけでなく、開国政策によって外国人の国内旅行が徐々に緩和されるとみて、ホテル着工に踏み切った。当時、日光で外国人が泊まれるホテルは金谷カッテージ・インだけだった。

1875（明治8）年、外国人は日本政府発行の「外国人内地旅行免状」を携帯すれば国内を旅行、宿泊することが許された。これが呼び水となって、日光に欧米外交官らが避暑に訪れるようになり、その受け皿となる外国人向けホテルの整備が急がれた。

加藤は今市宿の小林徳松、東京の扶桑商会役員、福島宣三と日光ホテルを設立。県内だけでなく、中央の財界にも出資を呼び掛けた。その結果、資本金は2万円、一株50円とし、400株を集めた。小林は61株、加藤が54株保有した。初代社長には加藤昇一郎が就任した。日光ホテルは開業後、宿泊者数が順調に伸びていき、1890（明治23）年、2棟を増築した。その際に、渋沢栄一が10株の出資に応じた。渋沢に出資を要請した安生順四郎と加藤昇一郎は「日光ホテルは日本の名勝であるほか、相当の旅館を設けることは国家の経済より見るも必要とするところなり」と、海外に開かれた日本にふさわしいホテルになると訴えた。

1891（明治24）年5月、日光ホテルに宿泊予定だったロシアのニコライ皇太子（後の皇帝）が滋賀県大津市で警官に切りつけられる大津事件が発生した。これで皇太子の宿泊だけでなく、日光遊覧も中止になった。

加藤久さんは「加藤家から預かった日光ホテル会社の『明治廿三年七月　借貸覺帳』には、日光山輪王寺門跡を務めた北白川宮様が同ホテルに滞在されたことが分かる記載がある」と語る。別の帳簿「顧客勘定」には外国人の名前も多数見られ、同ホテルが当時の上層階級や外国人に利用されていたことを物語っている。

同ホテルは外国の賓客が宿泊する格式と規模を誇ったが、

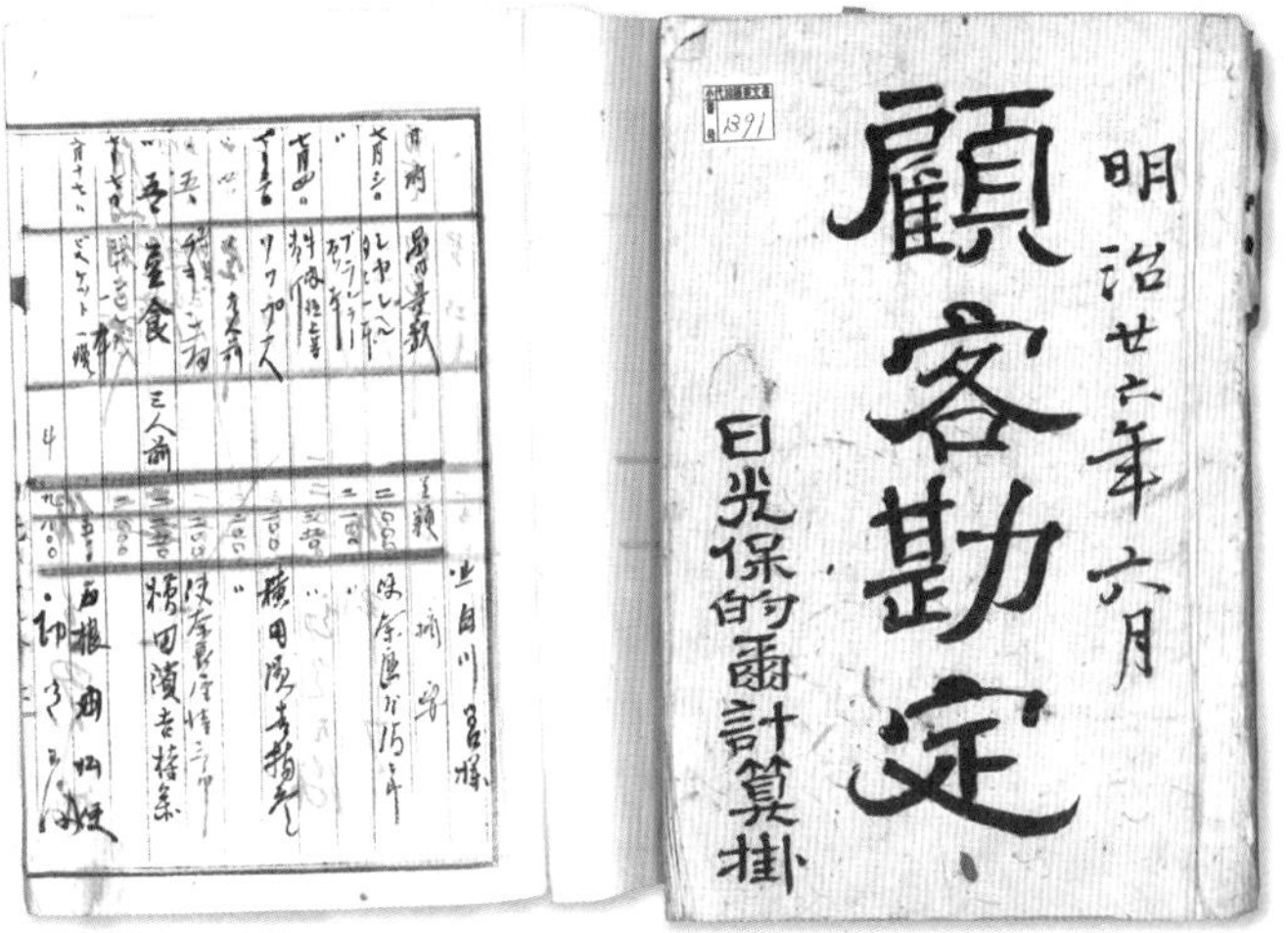

日光ホテルの顧客勘定と貸借覚帳（加藤久氏所蔵）

1897（明治30）年、近くの新井ホテルに買収され、1926（大正15）年、火災のために消失してしまった。

渋沢は日光ホテルに対し、日光の将来性を重視し、鉄道とホテルの建設に有力財界人として協力を惜しまなかった。明治中期までに、こうしたインフラやホテル整備が地元有志の主導で実現した。そのことで国際観光地、日光の限りない魅力が国内だけでなく世界へと発信され、人気が高まっていった。

日本酢酸製造を創業

加藤昇一郎が最も力を入れたのが、酢

日本酢酸製造 加藤製薬所（加藤久氏所蔵）

酸の製造だった。

日光線開業3年後の1893（明治26）年、加藤は加藤製薬所を設立し、現在の日光市小代の自宅近くで酢酸の製造を始めた。日本初の酢酸会社だった。加藤は自ら所有する山林から木材を工場に運び込み、空気を遮断して木材を発熱させ、熱分解する木材乾留法を採用した。当時は衣料の染色用に酢酸の需要が急増していたが、炭焼き小屋を改良したような小規模事業所が増える中、加藤はいち早く会社を設立して工業用酢酸の製造に乗り出した。

酢酸製造が軌道に乗ると、加藤は1902（明治35）年、東京・本所に日本酢酸製造を創立し、木材乾留ではなく、輸入石灰を原料に大規模な酢酸製造を行うことにした。加藤の増資の呼び掛けに賛同したのが日本のビール王と呼ばれた馬越恭平と渋沢栄一、大倉財閥の創始者、大倉喜八郎ら実業界の重鎮だった。資本は30万円とし、馬越は会長に就いた。

日本酢酸製造は用途が広い有機溶媒などを生産し、ドイツから製造装置一式を輸入するなど、設備の増強を続けた。資本を60万円に倍増させると、現在の那須塩原市塩原に新鋭工場を開設した。

日本酢酸製造 加藤製薬所塩原工場（加藤久氏所蔵）

1911（明治44）年、当時の皇太子殿下がこの塩原工場を視察された。加藤久さんに託された加藤家資料には日本酢酸製造の節目ごとの貴重な写真や会計資料も含まれている。塩原工場で当時、専務の加藤昇一郎が皇太子殿下に内謁した直後の部屋の写真もあり、大変、名誉なことと部屋の写真を撮って残したと思われる。

しかし、国内の酢酸製造は外国からの輸入に押されて縮小を続けた。1925（大正14）年になると、製造4社が組合を設立、生産調整を余儀なくされ、木材乾留製法は姿を消していった。

加藤昇一郎は地元の素封家であるだけでなく、日光鉄道敷設や日光ホテル開設、酢酸工業会社設立など幅広い分野で多くの業績を残している。病院の設置や道路の開削など、地元への貢献も幅広い。加藤らの要請で渋沢ら中央の実業家が出資に応じるなど、中央との橋渡しをしている。

加藤家文書などで長年、郷土史を調べてきた「落合の昔を偲ぶ会」

会長の加藤久さんは「加藤昇一郎ら当時の政治家や経済人が地域発展のために惜しみなくエネルギーを費やしていたことが分かります。そうした尽力の上に今があるのだとあらためて考えさせられます」と話す。

第2章

渋沢一族が真岡で経営
柳林農社

第2章

渋沢一族が真岡で経営 柳林農社

真岡市の小中学生は 柳林農社をデジタル教材で学ぶ

「皆さん、渋沢栄一と真岡市はどんな関係があるのでしょうか。柳林《りゅうりん》農《のう》社《しゃ》について、何か聞いたり、知っていたりすることはありますか。実は、今度、一万円札の顔になる渋沢が明治時代に真岡市に設立した会社が柳林農社になります」

新1万円札

真岡市長田小で行われた、渋沢と真岡の関わりについての講話
（2019年7月9日付下野新聞）

学校の体育館では、児童生徒を前に、教師のこうした問いかけからデジタル教材の説明が始まる。

真岡市教育委員会では渋沢が新一万円札の肖像に決まったことを契機に、渋沢が同市にゆかりがあることを児童生徒に知ってもらおうと、渋沢をテーマとする教材を独自に制作した。日本資本主義の父といわれる渋沢の業績や真岡市での足跡を題材に、パワーポイントのデジタル教材を作成し、２０１９（令和元）年度に同市内の各小中学校に配布した。これにより、ＩＣＴ(情報通信技術)教育をさらに進めるねらいもある。

学校での郷土史や偉人の学習といえば、市販の動画を会場で上映したり、既成の資料を配ったりすることも多いが、真岡市では渋沢の教材を制作した。会場で上映するパワーポイントの素材は各校共通だが、説明役は各学校に任せ、同市教育委員会が用意した説明文を基に、状況や対象者に応じた独自の説明も可能だ。

渋沢は埼玉県深谷市出身だが、渋沢一族が経営する蚕種製造会社を真岡市内に設立し、明治初期の殖産興業や製糸、生糸輸出などで日本経済をけん引した実業家である。これを地元の子供たちに知ってもらい、日本資本主義の父をもっと身近に感じてもらいたい。そんな期待が強い。

柳林農社はどんな会社

古河市兵衛（古河機械金属提供）

柳林農社は1874（明治7）年、鬼怒川沿岸の真岡市柳林《やなぎばやし》で、蚕種（蚕の卵）製造と製茶を目的に設立された会社だ。株主は当初6人で、渋沢栄一、渋沢喜作（栄一のいとこ）、古河市兵衛（古河鉱業創業者）、福田彦四郎（喜

作と義兄弟）、細野時敏（喜作、彦四郎と義兄弟）、渋沢才三郎（栄一の義弟）という顔ぶれだった。古河を除く全員が渋沢一族であり、中で

柳林農社（田島健一氏所蔵、群馬県立文書館提供）

も喜作は栄一の幼なじみで、一緒に尊王攘夷運動から一橋家の幕臣となった。株主は気心の知れた人物ばかりだった。

古河はかつて勤めていた豪商、小野組の経営難から資金繰りに困り、柳林農社の設立を待たず、株主から離脱することになった。この古河の離脱や地元の反発などの影響で柳林農社設立を栃木県に申請し、開業許可が下りたのは翌年となった。

現在の埼玉県深谷市を地盤とする渋沢一族がなぜ、真岡市で養蚕を営むことになったのか。

まず、挙げられることは、真岡市柳林が一橋家の領地だったことだ。渋沢栄一は幕末、一橋家に雇われ、農兵募集などの名目で真岡市柳林や高根沢町など県内領地を訪れていたことで、土地勘があった。このことは1913（大正2）年、渋沢が宇都宮商工会議所での講演でも明かしている。一橋家の徳川慶喜は第15代将軍となり大政奉還するが、渋沢は終生、慶喜公を慕い、渋沢が78歳の時、著作として「徳川慶喜公伝」を刊行している。

1870（明治3）年、渋沢は明治政府に大蔵省官僚として仕え、官営模範工場の富岡製糸場の設置主任を命じられた。

渋沢一族が真岡市柳林を適地として選んだ理由には、柳林が江戸時代、鬼怒川の河岸として栄えたこともあった。当時は舟を使い、真岡で積み込んだ年貢米やみそ、真岡木綿などを利根川を経由し、江戸に運んで

柳林河岸跡の石碑（真岡市）

いた。こうした水運が利用できるうえ、鬼怒川沿岸には桑畑に適する広い土地があった。

明治初期、当時の日光県は鬼怒川と思川の沿岸を開発し、進んだ技術を導入し、一大養蚕地帯にするという殖産計画を立てていた。渋沢一族はこの計画に乗ったのである。

二宮町史によると、1873（明治5）年、当時の宇都宮県は同県の蚕種業を監督する蚕種製造世話役大惣代に群馬県島村（現伊勢崎市）の田島弥平を任命した。田島は群馬県でも同じ役に就いており、現在の栃木、群馬両県の蚕種事業に目を光らせた。当時、生糸だけでなく、蚕種も日本の重要な輸出品だったが、品質低下や粗製乱造が増えたため、全国で大惣代を任命していた。田島を補佐する副惣代には宇都宮市石井町で製糸場を営んでいた石井正造を任命した。宇都宮市の鬼怒川沿いの石井地区では、柳林農社より一足早く、大嶋《おおしま》商会の製糸工場が操業、高品質の輸出用生糸を生産していた。

大惣代の田島弥平は生家が養蚕を営み、宮中でも養蚕を指導するなど、日本養蚕業の先駆的指導者として知られる。伊勢崎市の田島弥平宅は、独自の理論に基づく養蚕農家のモデルとして国の史跡に指定されていた。さらに2014（平成26）年には、「富岡製糸場と絹産業遺産群」の構成資産として田島弥平宅が世界遺産に登録された。

柳林農社の敷地は1880（明治13）年、17町3反と広大で、平均的な小学校なら校庭17校分もあった。実際の運営は田島弥平と懇意だった株主、福田彦四郎が現地に住み込んで指導、常時20人が働いていた。彦四郎は渋沢栄一が尊王攘夷運動に奔走していた時の同志でもあった。

しかし、柳林農社の経営は長続きしなかった。原因は輸出品の蚕種の相場が大幅に下落したためだった。これを受け、群馬県島村の蚕種農家は輸出向けから内需向けに転換したのに対し、柳林農社は農家向けの貸金業を始めた。渋沢栄一が頭取を務める第一国立銀行から融資を受けることはできたが、松方デフレによって農家経済は一層、厳しくなり、元金だけでなく、利子の支払いもできない農家が増えた。そうした農地は柳林農社にも流れ、農社は地主になって農園経営を展開した。１８８８（明治21）年、柳林農社の経営主、福田彦四郎はついに廃業届を栃木県の樺山資雄県令あてに提出、廃業に追い込まれた。

氏家町史の編纂にも携わった共愛学園前橋国際大学の宮崎俊弥名誉教授によると、柳林農社は栃木県の産業政策と、渋沢一族の起業意欲とが一致して設立された。蚕種が外貨獲得の輸出品だったので、国益を重視した渋沢栄一の考えにも合致していた。福田彦四郎は島村蚕種業の高い技術水準を身に付けていた。渋沢はヨーロッパ渡航時に獲得してきた会社設立の知識が豊富だった。島村蚕種業の技術と渋沢の会社組織論が結集されて設立されたのが柳林農社であったともいえる、と指摘する。

平成になって広く知られた柳林農社

柳林農社の存在は栃木県史でも取り上げられず、真岡市でもよく知られていなかった。

農社の跡地には現在、プラスチック部品メーカーのホンデン製作所が立地している。農社のことが広く知られる契機になったのは、福田彦四郎のひ孫、尚《たかし》さん＝神奈川県藤沢市＝が、真岡市柳林にある福田家所有の山林を真岡市に寄付したいと申し出た際、偶然にもホンデン製作所で彦四郎の帳簿や資料などを保管していたことが分かったからだ。2003（平成15）年、真岡市教育委員会で柳林農社関連文書類を解読調査し、同市は農社跡のホンデン製作所敷地に案内板を設置した。調査後の文書類は「福田尚家文書」として、二宮町史編纂室に寄託された。その後、市町合併に伴い、真岡市歴史資料保存館に移管され、2014（平成26）

ホンデン製作所前の説明板（真岡市柳林）

山岡鉄舟の書による「柳林農社」の看板（渋沢栄一記念館所蔵）

年、栃木県立文書館に寄託された。

渋沢栄一伝記資料に柳林農社の記述はあったものの、直接資料である「福田尚家文書」が公表されたことで、詳細な経営実態が明らかになり、各界から注目が集まった。同文書に定款ともいえる柳林農社申合略則などがあった。山岡鉄舟直筆による柳林農社の看板などの書画類は埼玉県深谷市の渋沢栄一記念館に寄託された。福田尚さんは「柳林農社のことを広く知ってもらうことが私の生涯の願いでした」と満足そうに語る。

第3章

鹿沼の大麻を工業原料化
渋沢も出資

第3章

鹿沼の大麻を工業原料化
渋沢も出資

鈴木要三の功績

鹿沼市中心部の黒川沿いで操業する帝国繊維（テイセン）鹿沼工場。今は消防ホースや防災車両の製造がメインだが、前身は地元産の大麻を加工する製麻会社、下野麻

鈴木要三
（鹿沼市教育委員会提供）

紡織会社だった。同社は地元、鹿沼市奈良部町の名望家、鈴木要三らが中心となって設立、渋沢栄一も出資に応じている。

鈴木要三の生家は代々、農業の傍ら、上都賀地域で栽培されていた朝鮮人参の販売を行う資産家だった。鈴木は明治政府の肝いりで近江麻糸紡織が滋賀県で設立されたことを受け、大麻の主産地の鹿沼でも製麻会社を立ち上げられないか、と考え、地元有志に呼び掛けて発起人15人を集めた。

麻には大麻、亜麻、苧麻、黄麻などの種類があるが、日本で麻といえば大麻を指し、栃木県産「野州麻」は江戸時代から出荷量、品質とも国内一と評判だった。麻は繊維がとても強いことから、漁網、下駄の鼻緒《はなお》の芯、蚊帳《かや》などに用いられた。神社のしめ縄や大相撲の横綱など神聖なものに大麻が使われている。

明治政府は欧州での現地視察の結果から、製麻の原料として、繊維が柔らかい亜麻が適しているとみていた。しかし、当時の国内生産は大麻が大半だったことから、当面は大麻で工業化を進め、その間に、北海道で亜麻の作付けを始め、拡大させることにした。

鹿沼での下野麻紡織会社の設立は1888（明治21）年だった。後に合併する近江麻糸紡織も北海道製麻も政府主導で設立されたのに対し、下野麻紡織は地元資本家の出資で設立された会社だった。下野麻紡織の創立委員には鈴木のほか、横尾勝右衛門（旧粟野町の資産家）と石塚信義（栃木県勧業委員）も就任した。鈴木らは会社の設立、操業に多額の経費がかかるとみて、鈴木の朝鮮人参販売のビジネスパートナーだった安田善次郎（安田財閥の創始者）に声を掛けたところ、渋沢栄一と大倉喜八郎（大倉財閥の創始者）を紹介された。

安田は下野麻紡織の設立以前から、栃木県でも銀行業を営んでいた。安田は当時の県庁が置かれた栃木市に自ら経営する安田商店（銀行）

の出張所を開設したのに続き、宇都宮市にも同じ出張所を開いた。いずれも鈴木が県庁など関係方面に働き掛け、段取りをつけた。安田と鈴木は1878（明治11）年、栃木市に第四十一国立銀行を設立した。初代の頭取には足利の豪商、木村半兵衛が就任し、鈴木は支配人に就いた。同行は開業2年後、足利支店を設置し、繊維産業が盛んだった県南を中心に活発な営業活動を展開した。

帝国繊維の前身の帝国製麻三十年史によると、1887（明治20）年に設立された北海道製麻は3年後に開業。そのころは札幌周辺の農地が亜麻栽培の適地であることが分かり、政府の方針通り、原料として、大麻より亜麻が多くなっていった。

渋沢は同社にも出資するとともに、相談役となり、いとこの渋沢喜作が創立委員となった。渋沢の関わり方は下野麻紡織よりも北海道製麻のほうに積極的だったことがうかがえる。

鈴木は自ら近江麻糸を視察し、原料が大麻から亜麻に移行することは理解していたが、地元、鹿沼が大麻の主産地であり、しばらくは大麻にこだわり、大麻による製麻を続けた。

下野麻紡織から帝国製麻、帝国繊維に変遷

1894（明治27）年、日清戦争が始まると麻製品の需要が一気に高まり、下野麻紡織から社名を変えた下野製麻は日光の大谷川から鹿沼工場まで水路を設け、水力発電によってタービンを回した。さらに日光市所野に新たに日光工場を建設し、需要増に応えた。日光の豊かな

水が明治の製麻産業を動力で支えたことになる。これに対し、近江、北海道の両工場は石炭を動力としていた。

この時の設備投資のため、下野製麻は1897（明治30）年、資本を60万円から100万円に増やした。こうした急な増資に鈴木要三ら地元役員は十分に応じることができず、安田善次郎の安田銀行が筆頭株主に出てきた。下野製麻は社長が鈴木であったが、実質的には安田財閥の傘下に入った形だ。

日清戦争の特需もなくなり、経済不況に見舞われると、製麻産業も需要減で経営が厳しくなった。同業各社は官納帆布や蚊帳の生産調整を行い、合同の販売拠点をつくるなどしていたが、1903（明治36）年、下野製麻、近江麻糸紡織、大阪麻糸の3社が合併し、日本製麻が設立。その4年後、北海道製麻も合併に加わり、帝国製麻が誕生した。

こうした製麻業界内の生産協調や合併は、財界の実力者であった安田善治郎、渋沢栄一、大倉喜八郎の3人が主導したとみられている。下野製麻社長だった鈴木要三は日本製麻の社長に就任したが、合併の翌年に亡くなり、代わって安田善次郎が社長に就いた。これにより、合併会社の日本製麻は名実ともに、安田財閥傘下の企業となった。

鈴木は鹿沼の素封家に飽き足りず、朝鮮人参の販売を通じて商売の面白さを知り、銀行経営や日本を代表する製麻会社の社

明治末期から大正初期の帝国製麻鹿沼工場（金子元治氏所蔵）

長にまで上り詰めた。地元では日光奈良部村の村長を続けていた。

鈴木が鹿沼で下野麻紡織を始めたのは明治政府の富国強兵、殖産興業政策に呼応するためだけでなく、野州麻をうまく工業原料化すれば大麻の需要を伸ばし、地元経済の発展に貢献できる、との思惑もあった。

日本製麻から社名を変えた帝国製麻は日本製麻業界の最大手企業として、業界を常にリード

帝国製麻鹿沼工場は上流の行川、大谷川から引いた用水を裏山から落として水力タービンを動かし、動力とした（金子元治氏所蔵）

帝国繊維鹿沼工場の敷地にある鈴木要三功績碑（帝国繊維提供）

してきた。ただ、大正時代には栃木県で地場の製麻会社が複数設立された。これは、野州麻産地の実業家としての意地を見せることにもなった。

現在の帝国繊維で直営工場は鹿沼だけとなった。同社鹿沼工場の一角には、創業者、鈴木要三の業績を称える功績碑が建立されている。

大麻の産地、鹿沼

栃木県の大麻は明治期、下都賀、上都賀、宇河、安蘇地域で広く生産されていた。しかし、製麻工業の原料が同じ麻でも亜麻や苧麻に取って代わられたほか、宅地化や工業開発などで生産地が縮小していった。今では鹿沼市でも永野地区で栽培されている程度だ。

2012(平成24)年6月

鹿沼市で開かれた第1回日本麻フェスティバル
(2012年6月24日付下野新聞から)

鹿沼市での麻の収穫（栃木県あさ振興連絡協議会提供）

23、24両日、鹿沼市で第一回日本麻フェスティバルが日本麻振興会の主催で開かれた。日本一の麻の里、鹿沼で麻の歴史や用途など麻文化を見直そうと、関係者が全国から集まった。

同フェスティバルでは麻を衣類だけでなく、住宅設備など新たな用途を探っているとの報告や、実演もあった。最終日、参

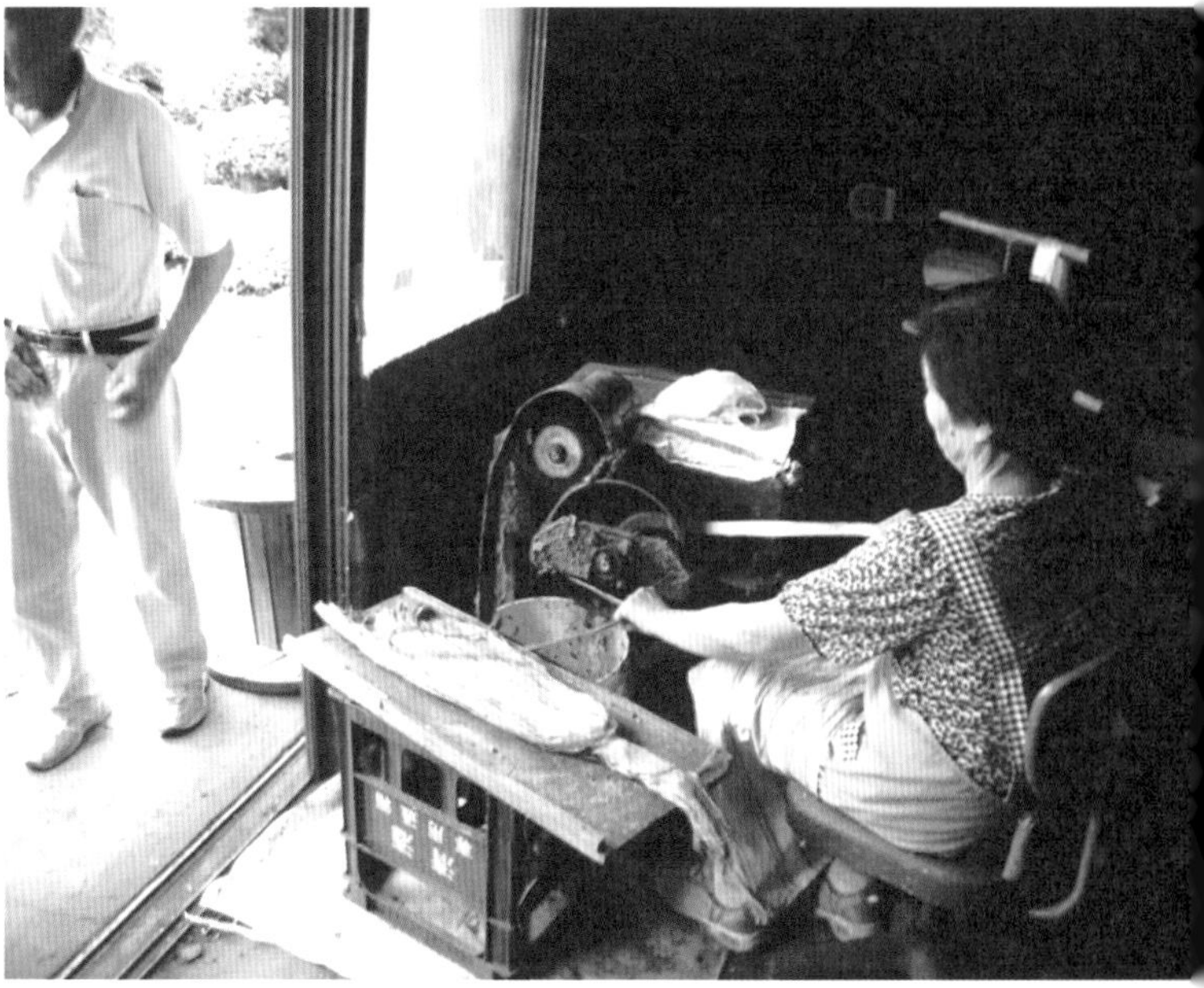

鹿沼市での麻の加工（栃木県あさ振興連絡協議会提供）

加者は旧粟野町に出向き、永野地区で麻の生産や加工を視察した。

鹿沼市史編纂で近代の産業の分野を担当し、下野麻紡織会社の変遷に詳しい宇都宮清陵高校の石川明範校長は「鹿沼に製麻会社が創立されたのは、もちろん鹿沼が大麻の産地であったからですが、結果的には大麻は製麻工業の主な原料にはなりませんでした。しかし、大麻を工業原料化しようとした鈴木要三らの熱意が、現在まで続く新しい産業を鹿沼にもたらしたといえると思います」と地元有志の熱意を評価する。

渋沢栄一が栃木県の産業近代化に果たした業績について、石川校長は次のように語る。

「揺籃期の資本主義の発展には、それぞれの産業の将来性と危険性をきちんと認識し、リスクを負って出資する資本家の存在が必要不可欠でした。渋沢栄一は、まさにそのような人物であり、だからこそ『日本資本主義の父』と呼ばれるのだと思います。栃木県においても、渋沢は様々な産業に出資しており、栃木県の近代産業の発展を支えた人物の一人ということができると思います」

第4章

帝国ホテル新館が拓いた
大谷石の近代建築

第4章

帝国ホテル新館が拓いた大谷石の近代建築

米建築家ライトが大谷石採用

2018（平成30）年、宇都宮市を代表する歴史文化である「大谷石文化」を核とするストーリー「地下迷宮の秘密を探る旅」が日本遺産に選ばれた。石の里、石の街とPRする同市にとって日本遺産認定は画期的なことだった。これを受けて佐藤栄一市長が会長を務める同市大谷石文化推進協議会は記念事業を展開。翌年12月には「日本遺産『大谷石文化』石のまち宇都宮シンポジウム」を同市文化会館で開催した。

1965年、東京で営業していたころの帝国ホテル新館（藤原宏史氏提供）

宇都宮の街並みに欠かせない大谷石建築。石蔵や教会、公会堂だけでなく、公共施設にも大谷石が使われている。こうした大谷石の建築文化が花開き、大谷石の採掘、出荷が増大した契機となったのは1923（大正12）年に竣工した東京・内幸町の帝国ホテル新館、通称ライト館で、このホテルの会長を渋沢栄一が務めていた。

渋沢が帝国ホテル設立の創立・発起人になったのは、その36年前、1887（明治20）年だった。このころ、栃木県では日光鉄道の敷設計画が地元有志によって県に出され、鉄道会社の定款を練っていた時だ。

渋沢家所蔵資料によると、「明治20年初め、当時の外務大臣井上馨《いのうえかおる》伯爵は本邦の首府にして、外来賓客の需に応ずべき壮大の客館なきは、国際上欠典なりとの意見を以て、（中略）発起人総代二名則《すなわち》渋沢栄一・大倉喜八郎の両名を選挙して創立の事務委任したり」とある。渋沢と井上は大蔵省時代の同僚で、直々に頼まれて発起人に就任。3年後の開業以降、渋沢は取締役会長に就いていた。

渋沢は開業式典で、東京知事の祝辞に対し、「知事閣下が『ホテルはその国の民意や文明度を示すもの』とおっしゃられたことについては、現在は力不足でも、近い将来必ず恥ずかしくないレベルを約束する」と述べている。

しかし、帝国ホテルは当初、赤字続きで、日露戦争特需で好転はしたものの、すぐに宿泊数が落ち込んだ。ホテルの建物が老朽化していたこともあり、渋沢、大倉ら経営陣は隣接する内務省官舎用地に新館を建て、国際的にも立派なホテルにしようと計画を立てた。経営再建に向け、新館建設に際して日本人支配人を探すことにした。そこで白羽の矢を立てたのが米国で活躍中の古美術商、林愛作《はやしあいさく》だった。

林は10代で渡米し、米国東部のハイスクールと大学に通い、1897（明治30）年ごろから、山中商会ニューヨーク支店長として日本や東洋の古美術を扱ううちに、社交界にも顔が利くようになった。そのころ、顧客の1人として親しくなったのが浮世絵や日本画に興味を持っていた若手建築家のフランク・ロイド・ライトである。

時あたかも1893（明治26）年、シカゴでは「シカゴ・コロンブス万国博覧会」が開催された。この中で、平等院鳳凰堂、書院造と茶室、大名屋敷を合体した「日本館鳳凰殿」が人々の注目を浴びた。これを学生時代の林と、独立前後のライトが見ており、それぞれの脳裏に強く刻まれたのは疑いようもない。

1909（明治42）年、林が支配人を引き受けると、新館の設計者を探すことになるが、林が最初から思い描いた新館のイメージは「鳳凰殿」だった。これを踏まえて数人の日本人建築家と交渉するものの、納得がいかず、米国時代の顧客の推薦を受けてライトに接触し、1916（大正5）年に正式な契約を結んだ。

ちょうど、このころ、政府は国会議事堂を建設するため、その建材となる石はどれを使えばいいのか、全国の産地を調べ、標本を集めていた。この調査資料と標本をひそかにライトに見せたのが林と、大蔵省技官で建築家の下元連《しももとむらじ》とされる。

ライトがその中から選んだのは石川県の菩提石だったが、産出量が少なく、東京への運搬が大変なことから断念。同じ凝灰岩で質感の異なる大谷石に決めた。

ライトの大谷石採用に対し、経営者の大倉喜八郎は「何を好き好んで倉庫や下水道工事にしか使わない大谷石を使うのか」と反対したというが、ライトは自説を曲げなかった。

大谷石の採掘と施工は宇都宮の土木業者、大日本亀田組が東谷《とうや》という名の組織で請け負うことになった。社長の亀田易平は政治に強い関心があり、元首相、伊藤博文《いとうひろぶみ》の私設秘書を務めたこともあった。

亀田に帝国ホテル建設の話を持ち掛けたのは帝国ホテル専務の戸田次郎だった。亀田が伊藤博文邸に出入りしていたころ、戸田も伊藤家の家令(執事)をしていた。戸田は、ライトが日本の凝灰岩に興味を持っていて、その中で大谷石は有望なので、直接、説明してほしい、との依頼だった。

そこで亀田は関係者を大谷に招き、アントニン・レーモンドら東京の

ライト事務所所員に大谷石の採掘現場を見せるとともに、地質調査も行った。その結果、既存の採掘場から工事に必要な品質・分量・寸法・形状の石材を購入するのは困難だと分かり、現在の大谷ポケットパーク北側の里山（宇都宮市田下町）を丸ごと買収した。この東谷採掘場で掘った石材は、宇都宮石材軌道の荒針駅（現在の城山地区市民センター付近）で蒸気機関車が牽引する貨物列車に積み込み、日光線鶴田駅を

石材を積んだ貨物列車が停車中の大谷石材軌道の荒針駅
(1929年ごろ、大谷石材協同組合提供)

経由して東京まで運ばれた。この採掘場跡は今日、地元の人々が「ホテル山」と呼んでいる。

帝国ホテル新館の着工は1919（大正8）年で、この着工以降、大谷石の採掘は急増した。さらに、ライトや弟子の遠藤新《えんどうあらた》が設計した他の建物でも同じ採掘場の石材が使われている。

帝国ホテル新館建設のために採掘された「ホテル山」（宇都宮美術館、橋本優子専門学芸員提供）

ライトに設計を依頼した支配人、林愛作は１９３９（昭和14）年の談話筆記（渋沢史料館所蔵）で、大谷石についても次のように振り返った。

「ライトは私の信頼に感動して、私の信念を貫徹させるためと、日本建築の上に一つの新しい型を創造するという芸術的抱負のために、利害を無視して、設計を引き受けてくれました。すぐ直面した問題は、ライトの複雑な芸術的設計に、誰が責任をもって建築に当たりうるかということでした。（中略）次に直面したのは建築材料で、その用石は偶然のことより、私とライトが一致して大谷石と決め、栃木県日光（※実際は宇都宮）の方で、これも偶然に発見した小さな石山を冒険的に買いとって、遂にその山だけで、ホテル全建築に足りるだけの立派な大谷石をとることができました」。

愛知県犬山市の明治村に移設された帝国ホテル新館（博物館　明治村提供）

地元に与えた波及効果

宇都宮大学名誉教授、故藤本信義氏はライトが設計した帝国ホテル新館について、２０１４（平成26）年の論集「大谷石の来し方と行方」（宇都宮美術館発行）で、「ライト館の内・外装に大谷石とともに用いられたのは、スクラッチ・タイル（すだれ煉瓦）と装飾デザイン用のテラコッタ数種類である。タイルといいテラコッタといい、土から生まれた素材で、大谷石との相性は当然よい」と特徴を挙げた。

宇都宮美術館専門学芸員の橋本優子氏は「日本の伝統的な大家屋を意識したかのように、長い梁《はり》と高い柱で構成され、水平性が感じられる多数の大空間、それらの段丘状の広がり、めくるめく有機的な全体を構成する建造物が出現する。否応なくコンクリートと一体硬化する型枠煉瓦は、補強と化粧を兼ね備える石・陶で彩られた」と評価している。

帝国ホテル新館の１階ロビーの柱
（博物館 明治村提供）

日本の美意識を愛するライトは、大谷石を石よりも土に近い素材と考え、帝国ホテルの建築においては、近代的な手法によって新しい日本の伝統を表現できると考えたようだ。

１９２３（大正12）年9月1日、帝国ホテルは新館の竣工披露を予定したが、くしくもこの日、関東大震災が発生。１９０万人が被災し、約10万人が建物倒壊や火災によって亡くなった。

この時、帝国ホテル新館は深刻な被害を免れ、「鉄筋コンクリート大谷石張り」の新工法が地震と火災に強いことが立証された。以降、震災復興に伴う東京や横浜の土木用途とともに、近代建築の外装材として大谷石の需要が栃木県内外に高まった。

大谷石の産出量は大正初期に約19万トンだったが、ピーク時の1973(昭和48)年には89万トンまで増え、宇都宮市大谷地区では国内屈指の採掘産業が栄えることになった。このきっかけが帝国ホテル新館建設であり、新館完成から10年以内に近代建築の名作が宇都宮に次々に登場した。ライト館は大谷石建築の新たな可能性を開き、地域文化として開花させたことになる。

2017(平成29)年、宇都宮美術館で開催された企画展「石の街うつのみや—大谷石をめぐる近代建築と地域文化」では、そうした建築物のうち、旧宇都宮商工会議所、旧大谷公会堂、カトリック松が峰教会聖堂、南宇都宮駅、日本聖公会宇都宮聖ヨハネ教会礼拝堂の5件を「地域の五大近代建築」として取り上げ、展示で詳しく紹介している。

このうち旧宇都宮商工会議所は解体されたが、正面玄関回りと一部が、栃木県中央公園に移築、保存されている。他は現存している。特に松が峰教会は、石の街うつのみやのシンボルとして、訪れる一般見学者が多い。

宇都宮工業学校長が設計した旧宇都宮商工会議所

宇都宮美術館の企画展で、宇都宮地域の五大近代建築に選ばれた旧宇都宮商工会議所は、1928（昭和3）年、宇都宮市中心市街地に竣工した。設計者の安美賀《やすみよし》は1885（明治18）年、現在の茨城県ひたちなか市に生まれた。現在の東京工業大附属科学技術高校を卒業後、旧制の青森県立工業学校に赴任した。同校校長を経て、栃木県立宇都宮工業学校（現宇都宮工業高校）の初代校長として着任したのは、まさに帝国ホテル新館が竣工した1923（大正12）年。弱冠38歳であった。安は栃木県技師の辞令を受け、優れた教育者として校長も兼務した。

宇都宮商工会議所の新築は会議所創立30周年事業として、1922（大正11）年に決議され、会議所会員、地元有志、市民などからの多額の出資で建設された。

同会議所新館の設計を安が依頼されたことについて、建築家の藤原宏史さんは「安が人格に特に優れ、弘前時代に商工会議所を設計し、その作風が様式建築に則ったからではないか。この時期、日本は西欧に追いつき追い越せと必死で、様式建築こそが近代建築の象徴だった」とみる。

１９２６（大正15）年、大谷石の積極的利用を求める陳情が出され、これを受けて安は上京し、帝国ホテル新館を視察した。

そうして完成した旧宇都宮商工会議所について、藤原氏は「側面は大谷石張りの列柱と柱頭に埋められたエンブレムが様式建築の特徴を見せている。

大谷石建築の旧宇都宮商工会議所（藤原宏史氏提供）

正面は両端に屋上塔屋まで延びる双塔がある。その間の壁面に配された2本の柱の頂上には、大谷石造の球形ランタンが置かれ、これはライトが設計したラーキンビルと同様の構成をとっており、安がライトについて猛勉強し、文献などからイメージしたのではないか」と語る。その後、安は県庁前にあった旧栃木県教育会館の設計も手掛けている。

藤原氏は旧宇都宮商工会議所の移築、復元にも携わった。1979（昭和54）年、大谷石造建築だった同会議所は解体された。そしてその一部が移築復元されるのは、1985（昭和60）年、栃木県中央公園の完成を待ってであった。

藤原氏は「最終的には、建物を特徴づけるランタン、柱頭の文様、エンタブラチュア、ベースメントなど大谷石の装飾性が高い部分とポーティコを、凝縮した形で復元するにとどまった」と、建築物保存の難しさと限界を指摘する。

第5章

織物のまち足利と論語

第5章

織物のまち足利と論語

絹織物の直輸出に貢献した堀越善重郎

渋沢栄一は記録によると、足利市を2回、訪問している。1回目が1895（明治28）年4月で、2回目が1910（明治43）年6月だった。2回目は足利学校の訪問や地元織維工場などの視察が目的で、公的な訪問だったが、1回目は足利出身で、日米貿易で成功した堀越善重郎の地元祝賀会に出席するためだった。

第一国立銀行など数多くの会社を設立させ、貴族院議員も務めた経済界の実力者、渋沢が遠路、祝宴に駆け付けたのが堀越の祝賀会だった。この時、渋沢は55歳で、堀越は32歳だった。堀越はこの祝宴の2年前、渋沢ら財界人の支援を受け、日本の絹織物を米国に輸出する会社、堀越商会を設立。資本金10万円のうち、堀越以外で、最高の1万5000円を出資、筆頭株主になったのが渋沢だった。

渋沢は堀越の人柄や米国での

堀越善重郎（渋沢栄一史料館提供）

商売の実績から、日米の貿易振興や友好関係の発展に堀越が頼りになる存在と信じ、最大限の支援を行っていた。

足利出身の堀越は地元で神童と呼ばれていた。しかし、生家に経済的な余裕がなく進学をあきらめていたところ、群馬県境に近い同市小俣の買継商、三代目木村半兵衛に将来性を見込まれ、木村家の東京遊学給費生となることができた。木村に堀越少年を紹介したのが足利織物の実力者、川島長十郎だった。堀越は都内の共立学校で英語を学び、東京商法講習所（現一橋大学）を卒業することができた。東京商法講習所も渋沢が設立を手掛けた大学の一つである。

木村半兵衛は買継商の傍ら、１８７７（明治10）年、鹿沼の鈴木要三、安田財閥の創始者、安田善次郎らと第四十一国立銀行を栃木市に設立し、初代頭取に就任した。その後、足利に支店を開設した。足利織物講習所の設立発起人にもなり、絹織物の街、足利をリードした明治の偉人の一人である。

堀越善重郎は22歳の時、木村が用立てた300円で、米国に渡った。シカゴ、ニューヨークなどで苦労に苦労を重ねた後、ニューヨークのメーソン商会に勤めることになり、米国人との商売のやり方や彼らの嗜好などを実体験することができた。このメーソン商会で始めたことが、足利から絹織物の羽二重や絹製ハンカチなどを直に輸入、販売することだった。売れ行きは好調で、メーソン商会は1885（明治18）年、東京に日本支店を開設することになり、そのトップに堀越が就いた。

1889（明治22）年、堀越はメーソン社長とともに帰国すると足利に帰郷。恩人の川島長十郎が校長を務める足利織物講習所の第1回卒業式に来賓で出席、祝辞も述べている。

堀越善重郎と渋沢栄一

1895（明治28）年4月、渋沢が出席した堀越の祝賀会について、足利銀行創業者の荻野万太郎は日記「適斎回顧録《てきさいかいころく》」で次のように記している。荻野は足利織物講習所の1期生だった。

「当地出身堀越善重郎氏米国より帰朝の祝宴招待により行く、足利織物講習所にて開催し、同氏後援者たる渋沢氏、矢野次郎氏とともに出席せられたり、川島長十郎氏開会を告げ、渋沢氏は工業並に直輸出貿易に就て経験せられ或は感ぜられし有益なる演説あり」

渋沢に同行した矢野次郎は渋沢の永年の重要なビジネスパートナーの1人。矢野は幕末、同じ幕臣だった渋沢と欧州を視察し、堀越が卒業した東京商法講習所の校長を長く務めた。それだけでなく、堀越が経営する堀越商会の出資者、重役でもあった。

この「適斎回顧録」では、祝賀会後の祝宴について触れている。日記は後段、同じ足利の料亭、相洲楼で開かれた宴会について「矢野氏諧謔《かいぎゃく》よく満場を絶倒せしむ」と記し、矢野がユーモアたっぷりに会場を沸かせたとある。

渋沢が重視した直輸出とは、日本の絹織物などの輸出で外国人経営の商社には頼まず、日本人が直接、外国に輸出、販売することだ。外国人が商権を握っていた貿易を日本人主導で行うことにより、利益をしっかり確保し、貿易振興に弾みがつく、と考えた。この直輸出の先駆者が堀越善重郎であり、渋沢は厚い信頼を寄せていた。

関東大震災が発生した１９２３（大正12）年、米国にいた堀越は米国議会で排日法案が提出され、日米関係がより険悪になったのを受け、渋沢に排日問題の憂慮を手紙で伝えた。それは堀越がＵＳスチールのジャッジ・ゲーリー会長に面会した時の話だったが、大の知日派で知られるゲーリーでも日本人の気持ちを分かってくれない、というものだった。

渋沢と堀越の関係について、日本経済史が専門で、足利市出身の川村晃正専修大学名誉教授は「渋沢は日本で産業を興すには担い手を誰にするか、発展の仕組みをどうするかをまず考え、外国人が握っていた商権の回復が重要だと認識していた。その担い手の1人として米国で10年間商売をしていた堀越善重郎こそ前途有為な人材と見込んだ」と語る。

木村浅七工場を視察

1910(明治43)年6月、渋沢は再び足利を訪れた。これについても、荻野万太郎の「適斎回顧録」に記述がある。

「この日には午前中、井上馨氏（元大蔵大臣）が根津嘉一郎氏〈東武鉄道創業者〉の案内で来足せられ、午後退出になられたのと引違えに矢野次郎氏が東道で来足されたもので、渋沢子爵は夫人、令嬢同伴で桐生方面から来られ足利館に一泊した上、有志の歓迎宴に臨まれ、翌四日には足利学校聖廟に参拝せられ、同所記帳に『天之未喪斯文也』と書かれ、引続いて東校の講堂にて講演せられたが、その趣旨は地方の繁盛その他の関係、資本運輸等の諸問題にわたって述べられたと記憶している」

足利学校は論語を著した孔子を祀り、日本最古の学び舎として知られる。室町時代から、学徒が全国から集まり、足利学校で論語や儒教を学んでいた。子供時代から論語を学び、漢籍に通じた渋沢としては聖地への参拝となり、夫人と娘を伴って足利を訪問した。

渋沢が足利学校で筆を取り、来訪者揮毫集に書いたのは「天之未喪斯文也」だ。これについて、史跡足利学校の解説によると、出典は論語子罕《しかん》篇第五章で、「天之未喪斯文也匡人斯如予何」がもとになった。訓読は「天の未《いま》だ斯《そ》の文を喪《ほろ》ぼさざるや、匡人《きょうひと》其れ予《よ》を如何《いかん》せん」。その意味は「天が周の国の文王が創った制度

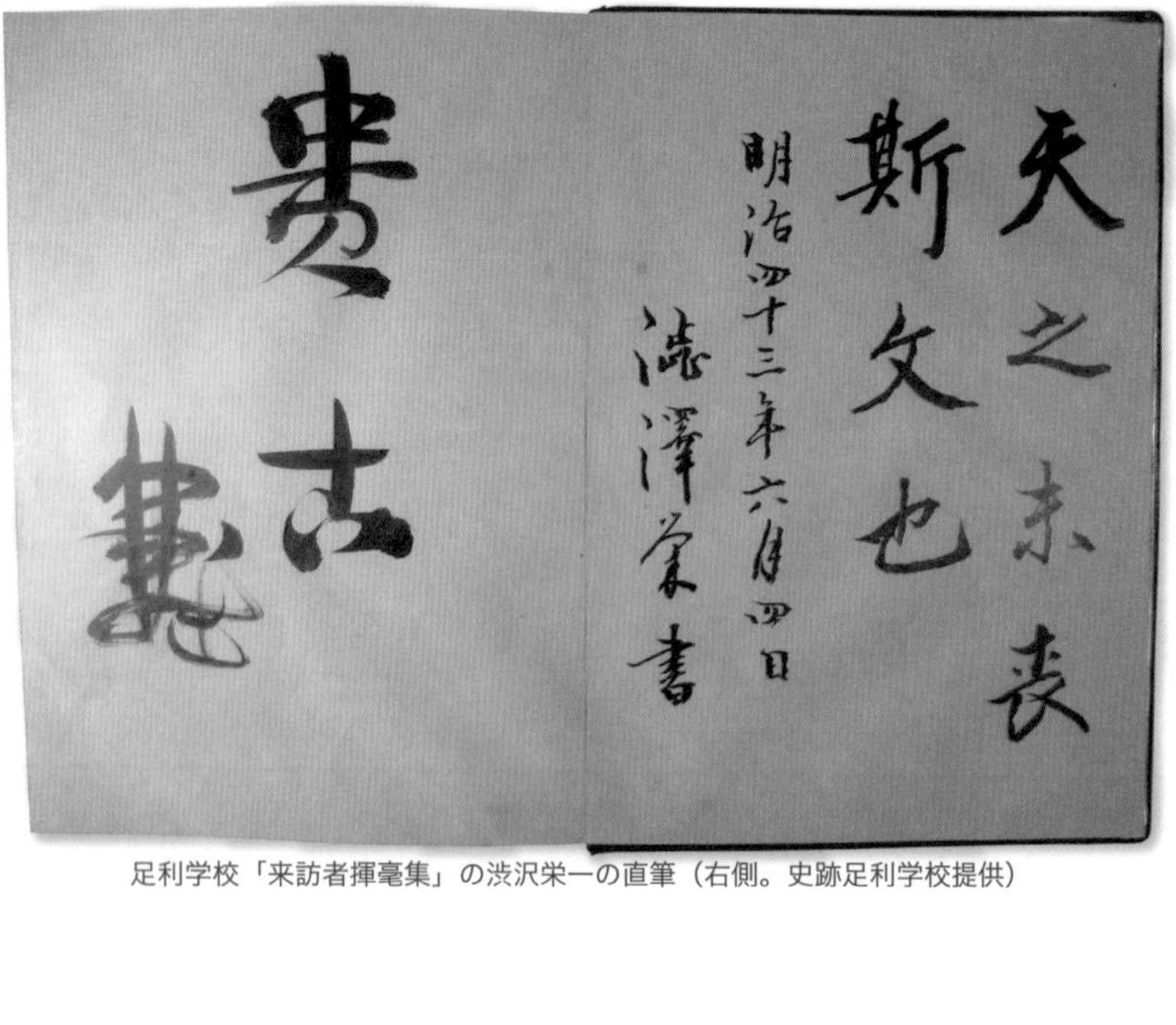

足利学校「来訪者揮毫集」の渋沢栄一の直筆（右側。史跡足利学校提供）

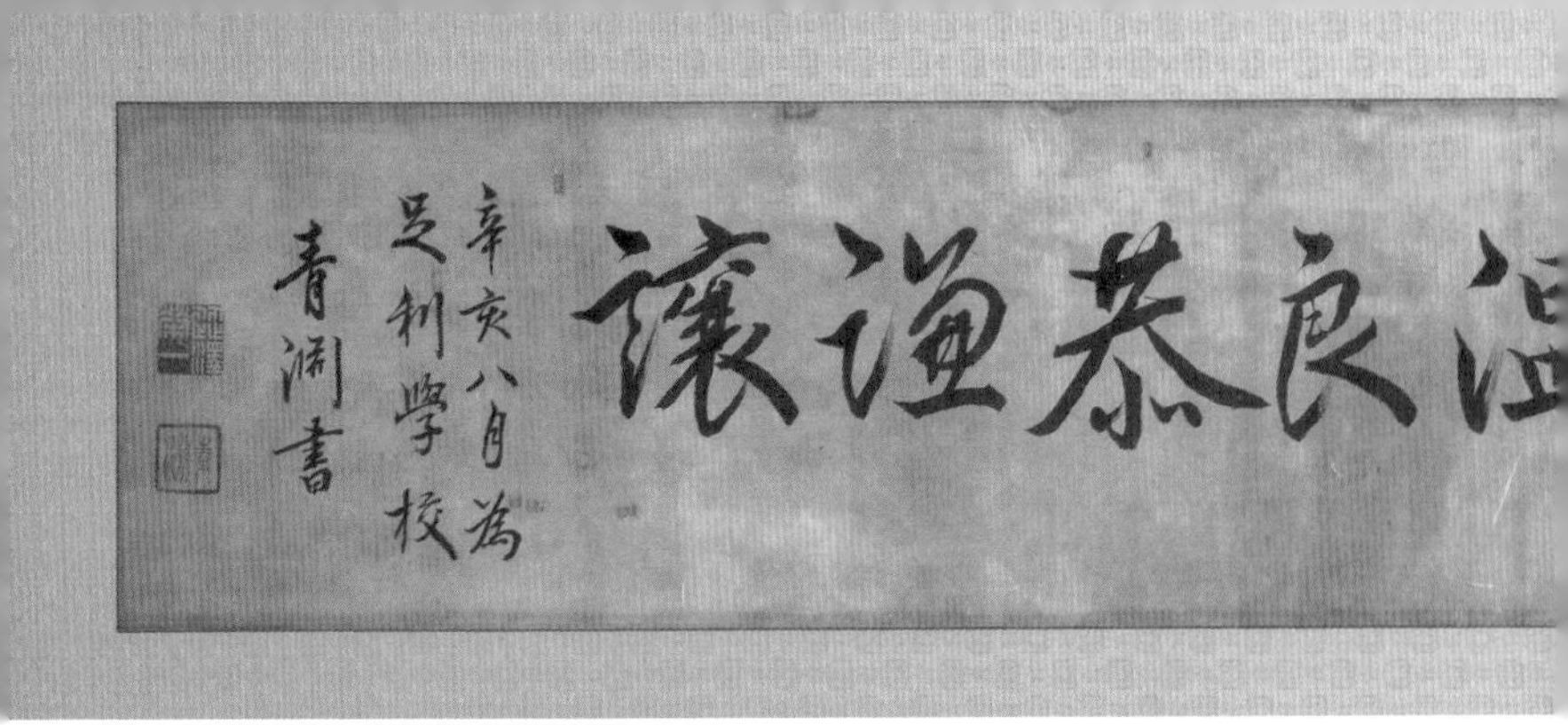

渋沢栄一が足利学校に寄贈した扁額（史跡足利学校提供）

を滅ぼさないとするならば、それを受け継いでいる私（孔子）を匡人《きょうのひと》が殺せるはずがない」となる。孔子が自らの学問に対する強い信念を表している。東京で同じ孔子を祀る湯島聖堂は公益財団法人斯文《しぶん》会が管理しているが、その名称もここから採っている。

この翌年、渋沢は足利学校に論語の一文を扁額にして贈った。「温良恭謙譲」である。

史跡足利学校によると、論語学而第一の十章にある「温良恭倹譲」がもとになっており、意味は温（おだやか）良（素直）恭（うやうやしい）倹（つつましく行いにしまりがある）謙（つつましくうやまう）譲（謙遜で人に譲る）となる。

渋沢は足利学校で参拝と講演を終えると、その足で近くの木村輸出織物工場を視察した。初代木村浅七によって1892（明治25）年に設立され、足利では最古の織物工場の1つとなっている。

　木村浅七は足利輸出織物の祖といわれる。家業も織維業で、ちりめんを織っていたが、厳しいデフレ不況となった。そこで木村浅七は品質研究を重ねた末、撚糸業に方向転換することを決め、1883（明治16）年に紋織機を導入して初の輸出用の絹織物を製造、海外進出を始めた。

旧木村輸出織物工場（足利市教育委員会提供）

木村は堀越商会に対し、渋沢らとともに出資することで直輸出を増やし、堀越商会のニューヨーク支店とカナダ・モントリオール支店を使って、足利の織物を世界に輸出した。

旧足利市史には木村浅七の業績について「明治24年、浅七直輸出を企て試しに豪州に見本を送付せしに、幸い奏功し、ついでに英仏独伊等にも成功し渋沢栄一、益田孝、中上川彦次郎、森村平太郎その他数名と堀越商会を設立」と記述。欧米先進国に販路を広げていったことが分かる。

渋沢が視察した旧木村輸出織物工場は最盛期の昭和初期には栃木県内最大規模を誇っていたが、太平洋戦争が始まると衰退、１９４４（昭和19）年に廃業した。

建物の多くは取り壊されたが、事務所棟と工場の一部は残された。旧工場は助戸公民館のホールとして利用されている。

修復工事を終えた足利学校大成殿（史跡足利学校提供）

日本遺産の足利学校

足利学校は２０１５（平成27）年、近世日本の教育遺産群を構成する施設として文化庁から日本遺産に認定された。他には水戸市の旧弘道館、岡山県備前市の旧閑谷《しずたに》学校、大分県日田市の咸宜園《かんぎえん》跡が認定された。いずれも日本の歴史や文化に大きな功績があったと認められた。足利学校は１９２１（大正10）年に国の史跡に指定されていたが、日本遺産認定で、孔子と論語の聖地として評価がさらに高まった。

足利学校では孔子廟ともいわれる大成殿の修復工事を２０１８（平成30）年から行っていたが、２０２０年に完成し、同年８月に記念式典が開かれた。

１６６８年造営の大成殿は日本最古の孔子廟とされ、屋根瓦の吹き

足利学校の学校門（史跡足利学校提供）

學校

足利学校での論語素読体験（史跡足利学校提供）

替えや耐震工事を行った。屋根瓦が新しくなって荘厳さが増した感じだ。

足利学校で論語の教えを守り、伝えようと、素読体験を行っている。「子曰《いわ》く学びて時に之を習う、また説《よろこ》ばしからずや」。素読は指導者に続いて、参加者が声を合わせて論語の一説を読み上げていくもので、他にも論語の書写体験などもできる。足利学校では論語の他にも四書五経など中国の古典を室町時代から学んでおり、中国学の原点が足利学校にあるといわれる。

第6章

渋沢栄一の書

第6章

渋沢栄一の書

足利銀行頭取室の扁額

宇都宮市の足利銀行本店では頭取室に渋沢栄一の書による扁額が掲げられている。「信為萬事本」とあり、「信を万事《ばんじ》の本《もと》となす」と読む。信用と信頼が事業の基本とする銀行ならではの書といえる。

この扁額は1912（明治45）年に揮

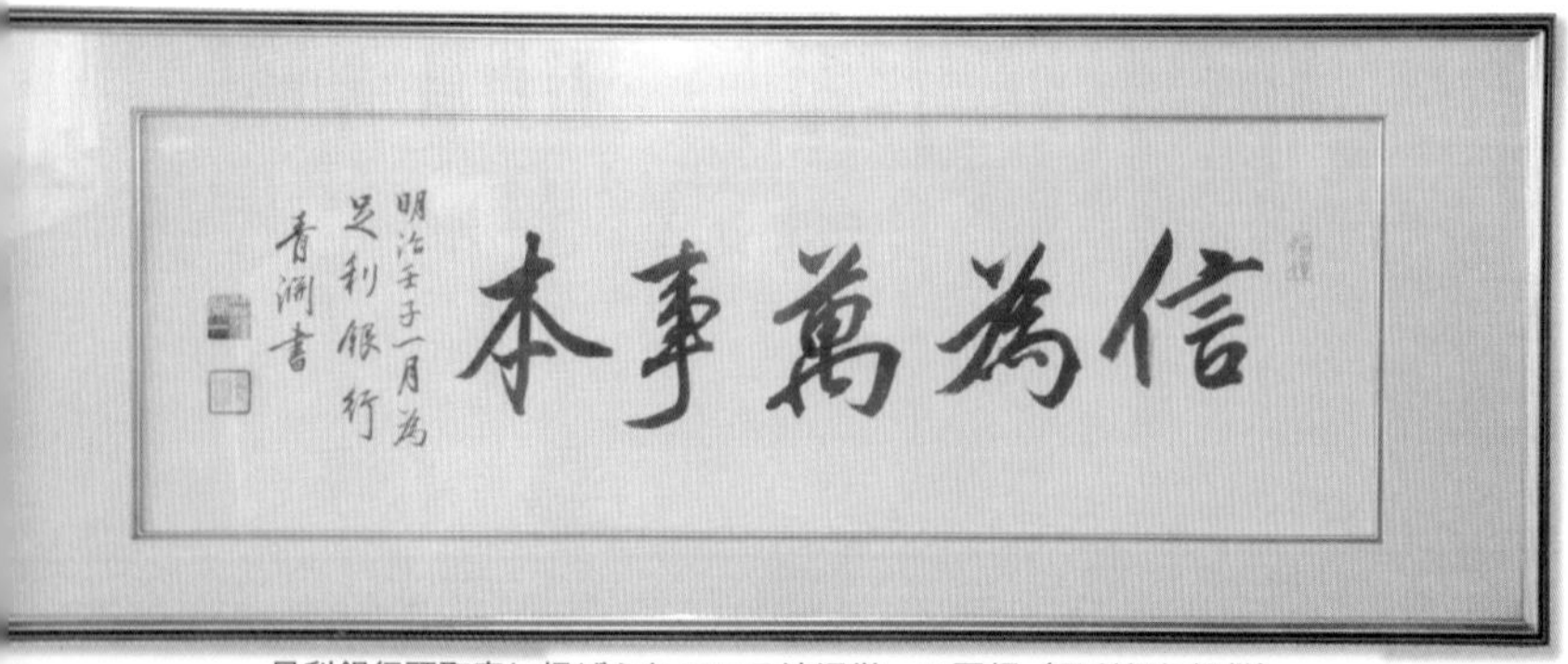

足利銀行頭取室に掲げられている渋沢栄一の扁額（足利銀行提供）

毫。当時、本店が足利にあった足利銀行に贈られた。渋沢は、この2年前、足利を訪問し、足利学校や木村浅七輸出織物工場などを視察している。このことは足利銀行初代頭取の荻野万太郎が日記「適斎回顧録《てきさいかいころく》」に詳しく記し、渋沢と会った感想も「温容福徳兼ね備えた」などと記している。

足利銀行によると、山梨中央銀行と、松山市に本店がある伊予銀行にも、同じ「信為萬事本」の揮毫が贈られている。渋沢は全国各地を訪問し、主な訪問先や銀行に揮毫を贈っていた。また、渋沢の自宅を訪れた客人には面会し、手紙もすべて目を通し、返事も書く几帳面な性格だった。このことから、足利銀行への揮毫も多忙のため1年半遅れたのでは、と同行では推測している。

「信為萬事本」の言葉は、日本でも社是や座右の銘として多く使われている。11世紀、中国の唐の時代、太宗皇帝に仕えた家臣、猪遂良《ちょすいりょう》が表した「新唐書」に出ている。

足利銀行では民営化後、足利家の家紋を使用した、いわゆる「マル二」の行章を復活した。その際、同行では退職する行員に「マル二」行章を返却させる代わりに、退職記念として「マル二」行章を透明アクリルに埋め込んだ小型の楯を贈ることにしている。その台座に渋沢の書「信為萬事本」が刻字されている。

足利銀行行員の退職記念の小型楯（足利銀行提供）

足利銀行出身で、この扁額の由来に詳しい、めぶきファイナンシャルグループ取締役、小野《おの》訓啓《くにひろ》さんは「行員が退職することは、信頼、信用の信をすべての基本に勤め上げたゴールであり、記念の楯は銀行マンの誇り、証といえる。渋沢栄一翁の揮毫は、その銀行マンの誇りにしっかりと刻まれている」と話す。

足利銀行では数年前から、新入行員のフォロー研修として、毎年12月に渋沢栄一の玄孫《やしゃご》（孫の孫）で、コモンズ投資信託の渋澤健《しぶさわけん》会長を講師に招いて研修を行っている。演題は「渋沢栄一『論語と算盤《そろばん》』に学ぶ銀行員としての心得」だ。

渋沢の扁額を背に、（写真右から）渋澤健氏と藤澤智会長、小野訓啓取締役
（2016年7月8日、足利銀行提供）

日光東照宮ゆかりの渋沢栄一

1915（大正4）年、日光東照宮で三百年大祭が行われ、6月3日の式典には外国人など多くの参拝者でにぎわった。この記念事業を主催した奉斎会の会長を務めたのが日本資本主義の父といわれる渋沢栄一だった。

奉斎会の会長は当初、伯爵、林薫で、渋沢が顧問だったが、林が急逝したことにより、渋沢が会長職を引き受けた。

日光東照宮が制作した三百年祭記念帖には衣冠束帯姿の渋沢が、奉斎会総裁、小松輝久侯爵に続いて参進する様子が写っている。

元幕臣で、徳川一橋家に仕えた渋沢としては、尊敬してやまない徳川家康公を祀る日光東照宮に衣冠束帯で参拝できたことはさぞ、晴れが

1915年、日光東照宮三百年祭に参進する衣冠束帯姿の渋沢栄一（右から2人目）
（日光東照宮提供）

ましい気分だったのではないか。

筑波大学の山澤学准教授によると、奉斎会は各界から寄付を募り、記念事業として貴賓館や宝物陳列館の建設、防火設備の完成、旧神領の杉並木補修など5事業を計画した。この時、建設された参拝者休憩所はその後、改築され、今の武徳館になっている。

日光東照宮によると、渋沢は1924（大正13）年に建立された社号標に「東照宮」の文字を揮毫した。社号標の側面には「正三位勲一等子爵澁澤榮一謹書」、背面には「大正十三年五月建立」の文字が刻まれている。

渋沢栄一の書による日光東照宮社号標
（日光東照宮提供）

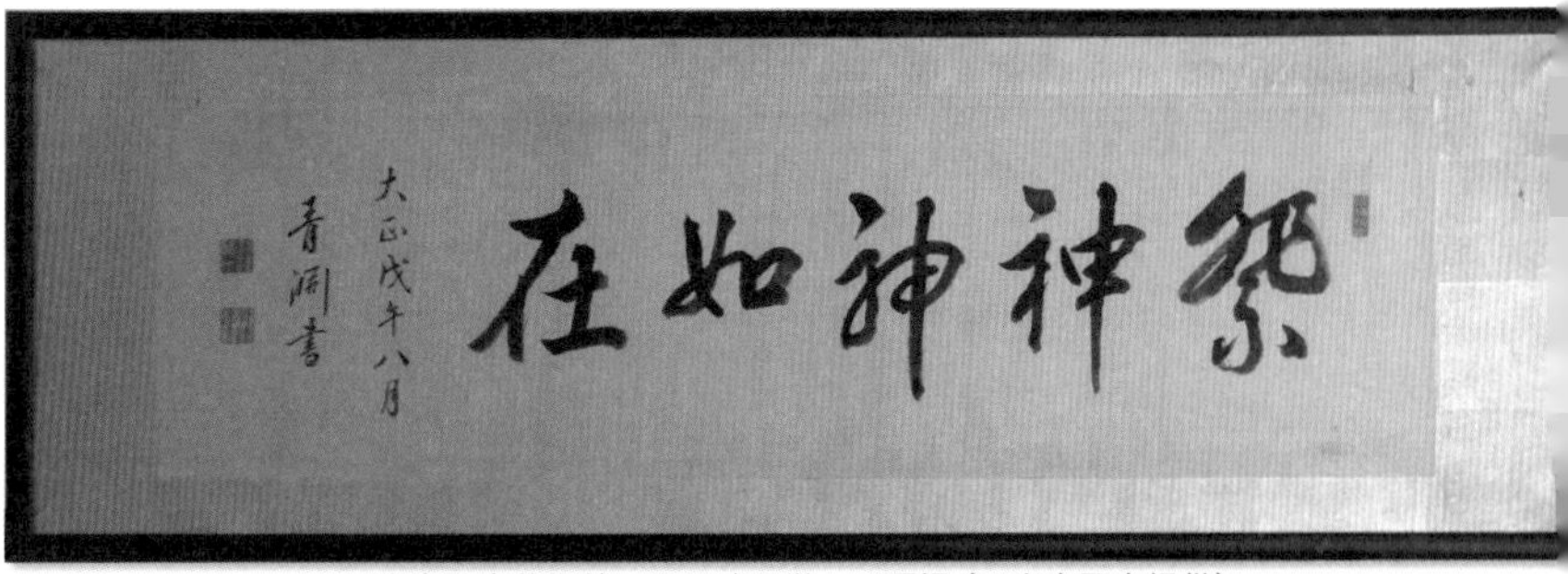

日光東照宮美術館にある渋沢栄一の扁額（日光東照宮提供）

この社号標は参拝者の格好の撮影ポイントになっているが、渋沢の書ということはあまり知られていない。

日光東照宮美術館には渋沢の扁額が掲げられている。「祭神如神在　大正戊午八月　青淵書」と論語の一節が記されている。渋沢が戊午の1918（大正7）年、中禅寺湖畔を訪れた際、日光東照宮に立ち寄り、その際に揮毫した、といわれている。

日光東照宮の稲葉久雄宮司は渋沢栄一について、次のように語った。

「渋沢翁には大正四年の当宮三百年式

年大祭の折に奉斎会長をお務めいただきました。当時、民間の協力も得ながら御宮を支えていた時期に、全国規模で奉斎会活動を展開して下さったことは、近代における当宮の宣揚に大いに寄与するものでありました。社号標の文字を揮毫していただいたことも含めて、翁は当宮にとって恩人の一人であると思っています」

古河掛水倶楽部と矢板武記念館の扁額

明治期の実業家、古河市兵衛は渋沢栄一の支援も受け、廃山同様だった足尾銅山を日本最大の産銅量を誇る鉱山に発展させた。

古河は銅山経営に本腰を入れる前、糸店を営み、渋沢一族の柳林農社にも出資していた。しかし、古河がかつて勤めていた豪商、小野組が経営不振となり、大口融資を行っていた第一国立銀行は窮地に追い込まれたが、古河が同行に十分な担保を提供したことで同行は危機を乗り越えることができた。古河は無一文となったが、誠実な態度と責任感の強さに、渋沢は感銘を受けたという。

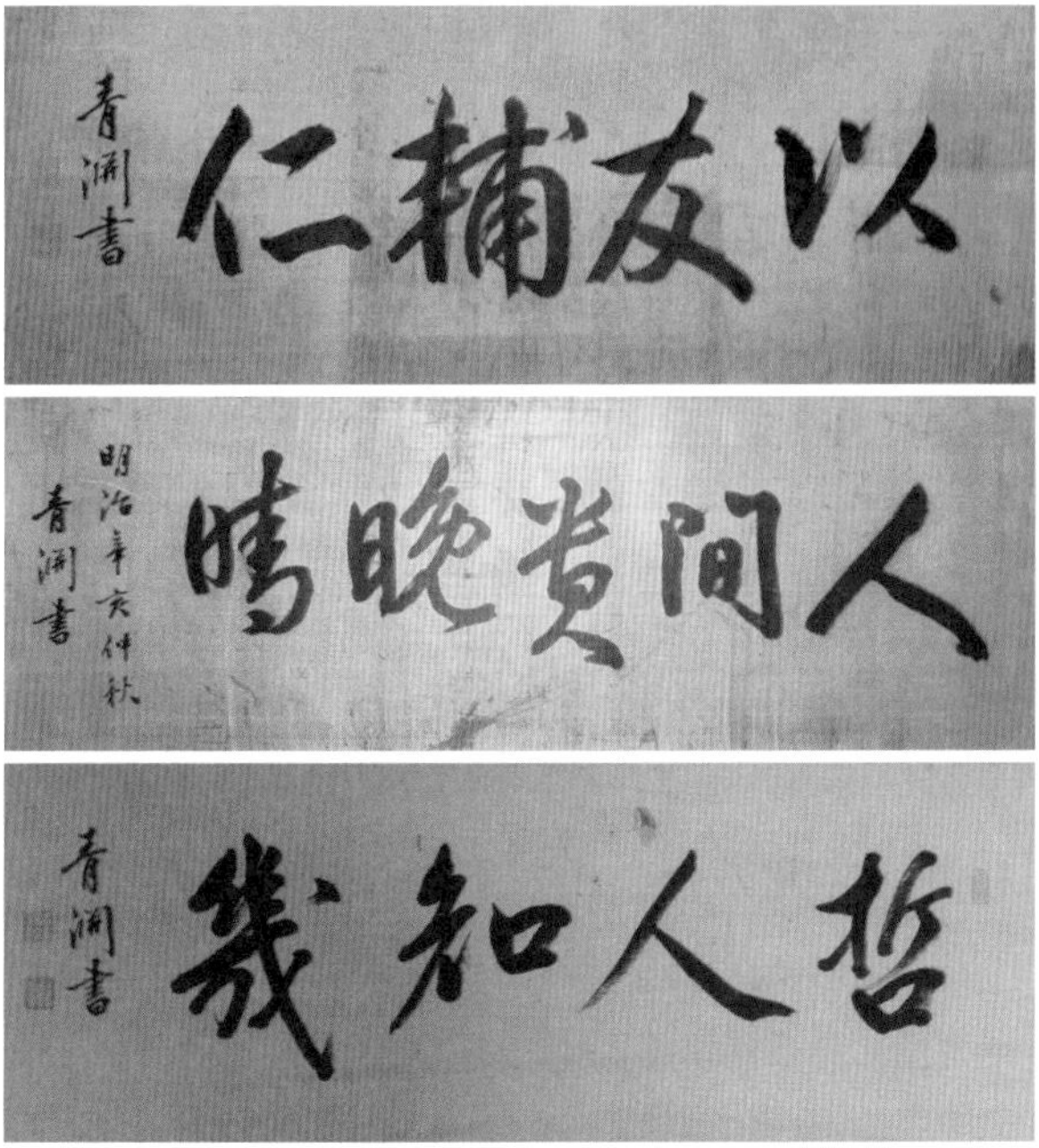

日光市の古河掛水倶楽部に展示されている渋沢栄一の扁額3点
（古河機械金属提供）

日光市足尾町に古河

機械金属（旧古河鉱業）が運営する古河掛水倶楽部がある。ここは古河鉱業が上得意客の接待所として1899（明治32）年に開設し、鉱都、足尾の栄華ぶりを示す施設として今も一般公開している。

同社によると、ここには渋沢の書による扁額が3点、展示されている。そのうち1点は「以友輔仁」。これも論語の一説。孔子の弟子、曾子《そうし》の言葉で、「友人に会い、友人によって仁徳を身に付ける」という意味だ。

矢板武記念館にある渋沢栄一書による扁額(上)と掛け軸(右)
(矢板市教育委員会提供)

一方、矢板市本町の矢板武記念館にも渋沢の扁額などが保管されている。矢板武は明治時代、日本三大疎水の1つ、那須疎水の構築など県北を中心とした地域開発で大きな業績を残している。

渋沢とは日光鉄道の敷設運動などを共に展開し、栃木県内の鉄道や道路などインフラ整備で数多くの実績がある。

矢板武記念館には矢板が明治の元勲たちとの交流を物語る資料が所蔵、展示されている。同記念館管理者の矢板市教育委員会によると、渋沢の書として扁額と掛軸、それに矢板武あての手紙が所蔵されている。このうち扁額は「英雄回首即神仙」とあり、宋の時代の漢詩、七言絶句の一説とみられる。意訳としては、英雄の資質を持った人は、ひとたび志を改めれば神仙になる、といわれる。数多くの実績がある矢板を渋沢が英雄と称賛する扁額ともいえる。

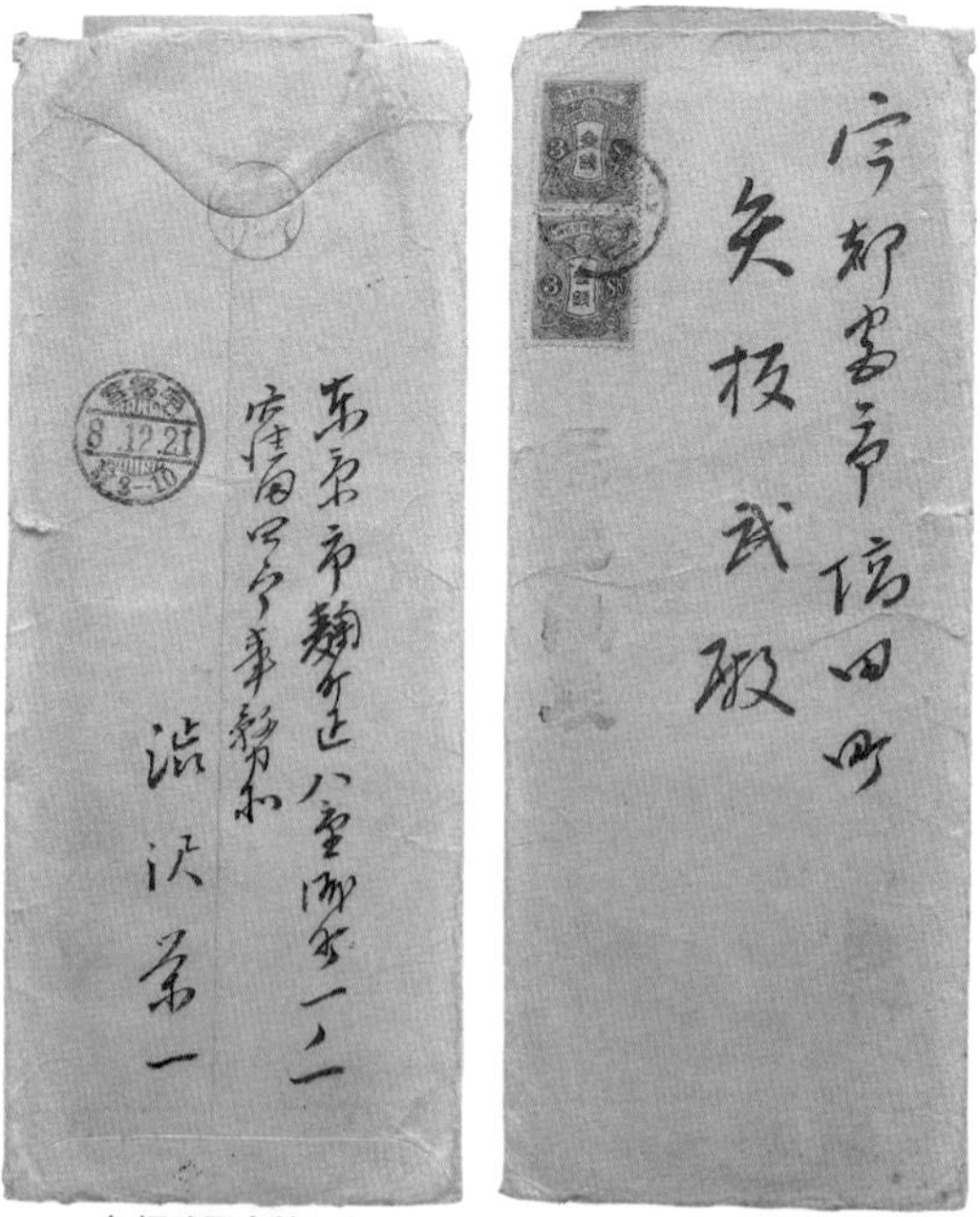

矢板武記念館にある渋沢から矢板武あての封筒
（矢板市教育委員会提供）

第7章

渋沢史料館
井上潤館長インタビュー

第7章

渋沢史料館 井上潤 館長インタビュー

渋沢史料館館長

井上 潤（いのうえ・じゅん）氏略歴

1959年生まれ、大阪府出身。84年、明治大学文学部を卒業後、渋沢史料館学芸員となる。同学芸部長、副館長を経て2004年から館長に就任。現在、公益財団法人渋沢栄一記念財団業務執行理事も務める。

著書に「渋沢栄一 —近代日本社会の創造者」（山川出版社）。共著、論文も多く発表している。

この本の取材、編集で、近代日本経済の礎を確立した渋沢栄一の栃木県での足取りをたどり、今につながる数々の実績や、論語の教えが支柱となった考えを知ることができた。そこで、全体のまとめとして、東京都北区西ケ原で公益財団法人渋沢栄一記念財団が運営する渋沢史料館を訪ね、井上潤館長にインタビューした。同財団は渋沢の業績と生涯を長年にわたって調査、研究。渋沢に関する普及啓発活動を続けながら、国内外に積極的に情報発信している。

——渋沢史料館は1982年の開館以来、渋沢の調査研究の中核機関として、渋沢の生涯と事績に関する豊富な資料を所蔵し、展示を行ってきました。井上館長は、日本経済の現状を踏まえ、渋沢のあまたの業績の中で、特に評価されていることは何でしょうか。

井上　日本経済が渋沢の考え通りに進まないことは承知していますが、それにしても近年の経済界を見ると、あまりにも「私」の利益を最優先しすぎるように思います。多少、ルール違反をしてでも、利益を上げた者が勝ちという理解が強すぎませんか。インターネット社会は成果を本当にすぐに求めてしまう。すぐアクションを起こし、すぐに利益を得ることがベストだと思われています。渋沢をずっと見てきた人間からすると、このままでは、渋沢なら警鐘を鳴らすでしょうし、渋沢の事績に倣って世の中、公のために自分たちの会社があるんだと認識すべきだと思います。もちろん「私」の利益を求めることを否定するわけではありませんが、優先順位を置き換えてみて、世の中が繁栄して、その繁栄とともに利益も巡ってくるという渋沢の発想を学んでほしい。渋沢によると、多少ルール違反してでも得た利益は、その時は良くても、事業として長続きはしない。渋沢は、良心や誠実さに則った事業こそ長続きし、世の中の繁栄につながり、そして自分にも利益がもたらされる、と説いていました。ネット社会のSNSでは、面白い情報に、すぐ「いいね」と押してしまいがちですが、その情報をしっかり吟味し、余裕をもって先をみるようにすることが渋沢流だといえます。

――渋沢が栃木県で関わった主な事業として、JR日光線の開業と日光ホテル設立、真岡市の柳林農社《りゅうりんのうしゃ》の経営、帝国ホテル新館建設での大谷石採用――などを本書で取り上げました。幕臣だった渋沢は日光東照宮に特別の愛着を寄せていたと思われます。渋沢は栃木県など各地域での事業化に当たり、どんな考えで投資などを決めたのでしょうか。

井上●渋沢が尊敬していた人物の1人が徳川家康です。家康公は戦国の世を終わらせ、文治政治の国を築きました。渋沢はその遺訓に学び、家康公を祀る日光東照宮を大切にしていました。自分の尊敬する人物を伝えるには、モニュメントとなる神社や記念碑が必要だと考えていたからです。渋沢は地域での事業化に際し、その地域特有の要素があるかどうかをしっかり見極めたうえで、その要素を核に、投資を行い、地域の発展に結びつけていきました。帝国ホテルの経営でも、まず安心、安全で信用できる宿泊施設をつくろうとし、そこに外国人が宿泊すれば外貨も得られ、日本の繁栄になる。栃木県の地域特有の要素といえば、日光東照宮があり、近くにホテルや、鉄道も必要だと考えたわけです。渋沢は決して単発の事業を起こしていたのではなく、互いを連環させ、総合的な事業化を図りました。例えば、若いころの欧州視察で情報伝達の新聞が日本でも必要だと考えた渋沢は、まず製紙会社を起こし、次に印刷会社と新聞社を作っていきました。地域発展のため、地域の特性、強味を見極め、地域の人の意識を見極めていました。

――渋沢は全国で多種多様な会社設立に関与し、出資に応じたほか、発起人にも名を連ねています。栃木県でもそうです。渋沢が出資や会社設立を支援する際に、特に重視していたことはありますか。

井上●情報をかき集めることです。自分で多くの情報に接することで、その事業の確実性、将来性を見極められる。ベンチャー企業については、立ち上げの精神を特に重視していました。渋沢が晩年、話していたことに、事業を起こす必須条件があります。それは自分だけで事をすべてやり抜くことは無理であり、周囲や同じ業種と連携をとり、業界として発展することです。渋沢は日本資本主義の父といわれますが、渋沢自身は資本主義という言葉をほとんど使っていません。渋沢にとっての資本主義とは欧米流の個人利益第一主義であり、渋沢はあまりいい意味で使っていないのです。渋沢が大事にしていたことは、まず公益を第一に考え、それから自分の利益が回ってくるという「合本主義」です。資本を合わせるというもので、一見、資本主義と同じに見えるかもしれませんが、実際は人的資本、つまり人材を大変重視していました。投資先の会社役員として、責任ある経営が行える人物かどうか、また実務を担う人材はいるのか、などを見極めること。さらに、いくら公益性の高い事業を行い、人材がそろっていても、時機に適応しているのか、も大事です。それを見誤らないことです。

――今でも言われている経営理論ばかりですね。

井上　渋沢の考えは至極、当然なことであり、私がお会いした多くの経済人からも、ご納得いただいております。渋沢がもう一つ、重視していたことがあり、それは労働環境です。単に労働者が働く施設、設備を改善することだけでなく、その労働者が何年勤めれば、昇給でき、次のポストに就けるのか、また退職金はもらえるのか。そういう給与体系などを含め経営者がきちんと示すことによって、従業員の安全、安心感が高まり、成果につながっていきます。

――■渋沢は大実業家になっても尊大な態度はとらず、若者でも、人の話をよく聞いた、といわれます。実業界にいて大学や病院も設立し、女性や子供、病人にも温かい手を差し伸べています。渋沢の人間性といいますか、実際の渋沢翁はどんな人物でしたか。

井上●写真に残る渋沢はやさしい顔をしていますが、若いころは気性が激しかった。幕末、外国人貿易商の交易の様子から日本が乗っ取られると感じ、攘夷論を唱えていました。自分たち農民や商人が汗水たらして稼いだものを収奪する領主に我慢がならなかった。それは家族や庶民の生活を守るという考えから来るものでした。ただ、渋沢が、それをすぐ実行に移したかといえば、世の中の動きを察知して中止し、長く生きることで世のためになろうと考えたわけです。情報を集め、洞察力に優れていました。

渋沢はとにかく人の話をよく聞きました。同世代の偉人たちのように、命を狙われることもなく、敵をつくらない平和主義者でした。自分が関わる会社の株主総会は、ほぼ1日かけていました。株主との意見交換も徹底して行い、意見が出尽くせば、最後に渋沢が意見を述べ、皆が納得して議決となりました。渋沢が福祉や教育に力を入れたのは、殖産興業で工業化が進むと、貧富の格差が広がったからです。江戸時代からの弊習である商人蔑視を改めるためにも商業教育の高等化にも尽力し、現在の一橋大学への導きを行いました。女子教育では、日本女子大学校などの設立・運営に関わりました。渋沢は小学校での道徳教育を充実すべき、としきりに言っていました。日本は実業だけでは安心、安寧な世の中は作れないとして、福祉や医療などを含め総合的に目配せしたのです。渋沢が第一国立銀行を設立したのは明治6年でしたが、その翌年以降、東京養育院の経営に関与しています。欧米のように、年を取って財産ができてから社会貢献に携わったのではありません。事業に対しては厳しい側面を見せていましたが、社会的弱者や労働者には穏やかに温かなまなざしで接していました。

――渋沢が数多くの会社を作っても、三井、三菱、住友などのように財閥にしなかったのはなぜでしょうか。

井上 渋沢は後年、息子に「自分が財閥を作っていたら、三菱どころじゃなかった」と自慢げに語っていたそうです。渋沢は独占を嫌っていました。これは私の持論ですが、渋沢の人生の原点になったのが江戸時代の村でした。裕福な生家でしたが、領主だけが潤い、民が貧しいのは許せない、と高崎城への襲撃計画にも同調しました。財閥のように1人のところに権力や財産が集中し、世の中が潤わないやり方には反対していました。その代わり、渋沢は事業化に当たっては、各財閥から横断的に適任者を集め、適材適所を実践していました。

――渋沢の商売や行動のバックボーンとなったのが、少年時代に習った「論語」だといわれます。「論語と算盤《そろばん》」という本を出しています。渋沢にとって、論語など中国の古典はどんな存在でしたか。

井上　渋沢は満5歳で、父親から論語だけでなく、同じ中国の古典の大学、中庸を教わっています。その後、従兄《いとこ》の尾高惇忠に教わります。父親はとても厳しい人で、渋沢を怒る時は論語を引き合いに出したそうです。それでも論語は渋沢にとっては内容が難しく、25歳ごろまではあまり関心を持たなかった。渋沢が生活や仕事で論語を重視したのは明治政府の役人を辞め、実業界に身を置いてからです。大正12年の演説で、産業振興と国家の繁栄を図るには絶大なる信念が必要で、自分は幼いころから論語を規範にしていたから実業界で大過なく生きることができた、と述べています。論語は朝から晩まで、日常生活の道徳観を説いており、渋沢は自分の生活に一番適している、と強調しています。

渋沢が足利銀行などの地方銀行に「信為萬事本」という一文を扁額にして贈っています。この「信為萬事本」こそ、日本の会社の社是で最も多く採用されている言葉なのです。渋沢は中国の漢詩にも造詣が深く、旅先や毎年の元旦に自分の気持ちを漢詩に詠んでいました。大正3年、日中経済交流のため、中国を訪問していました。この時、中国の人と筆談で見事な漢詩を披露していたそうです。論語や有名な漢詩はすべて完璧に頭に入っていたわけです。

――渋沢栄一の栃木県での足跡と業績をまとめてみて、井上館長のお話が様々なエピソードの重要な裏付けとなり、渋沢の実像により近づくことができました。渋沢が説く「合本主義」は資本を集めるだけでなく、経営を任せられる人物かどうかを見極める「人的資本」も重視していた、ということですね。渋沢が亡くなってから2021年で90年になります。今なお栃木県でも渋沢が関わった諸事業が地域や産業、生活を支えている背景がよく分かりました。ありがとうございました。

あとがき

新1万円札の顔に決まり、NHK大河ドラマの主人公で描かれる渋沢栄一。また日本資本主義の父といわれる近代日本の偉人、渋沢。設立に関わった会社が500以上。こうした偉人の栃木県との縁や実績、足跡をたどろうと出版を企画、各方面で資料集めや関係者への取材を行った。

渋沢ほどデジタル資料が豊富な明治の偉人はいない。そう思われるほど、渋沢史料館や企業、大学、自治体などに多くの資料が保管、公開されている。

本書では渋沢と栃木県との関わりをどのようにまとめれば、読者の皆様に理解しやすく、また渋沢を身近に感じてもらえるか、苦心した。

そこで、市町や地域ごとにエピソードや関連資料をまとめ、さらに現在の各分野の有識者にも話を聞くことで、ストーリーに奥行きと広がりをもたせようとした。渋沢に関する書籍や資料は山ほどあるが、令和の今から見て、渋沢は栃木県でどんな関りをもったのか、それが栃木県の産業発展や地域振興にどのようにつながっていったのか。今における視点を重視した。

取材では多くの専門家に丁寧なご指導や貴重な資料をいただくことができ、なんとか1冊の本に仕上げることができた。心より感謝申し上げます。もちろん今回、取り上げた事項以外にも、渋沢と栃木県とのかかわりは数多くあるはずだ。日光線や柳林農社など、極力、地域の特性と絡ませたストーリーとして紹介できた。

渋沢史料館の井上潤館長のお話の通り、渋沢が栃木県内各地で手掛けた事業は多種多様であり、豊かな地域資源を最大限に活かしている。それぞれ地域開発や産業振興に熱き闘志を持った地元有志とビジネスパートナーを組むことで、企業化に成功している。その地域資源とは宇都宮市の大谷石であり、鹿沼市の大麻、日光市の日光東照宮などである。

渋沢は各事業の企業化で、株主や実務家で最適な人材を集め、最新の国内外の情報を基に、慎重の上にも慎重に事業を進めていった。その点では、渋沢の厚い支援を得られた当時の加藤昇一郎や鈴木要三、堀越善重郎らは渋沢の期待に応えて事業を展開していった。

井上館長は「今の日本は余りにも『私』の利益を最優先に考えすぎる。このままでは渋沢が警鐘を鳴らす」と語った。この談話が忘れられない。令和の今こそ、商売での優先順位を置き換えられるかどうか、立ち止まって考えてみることは確かに必要だな、と実感した。

（石﨑　公宣）

渋沢栄一年譜

西暦	和暦	年齢	主なできごと	日本と世界の動き
1840	天保11	0	2月13日、現在の埼玉県深谷市血洗島に生まれる。	アヘン戦争勃発
1847	弘化4	7	従兄尾高惇忠から漢籍を学ぶ。	
1854	安政1	14	家業の畑作、養蚕、藍問屋業に精励。	
1858	安政5	18	従妹ちよ（尾高惇忠の妹）と結婚。	日米修好通商条約、安政の大獄
1863	文久3	23	高崎城乗っ取り、横浜焼き討ちを企てるが、計画を中止し京都に出奔。	井伊大老暗殺（1860）
1864	元治1	24	一橋慶喜に仕える。	外国艦隊下関を砲撃
1865	慶応1	25	一橋家歩兵取立御用掛を命ぜられ領内を巡歴。	
1866	慶応2	26	徳川慶喜、征夷大将軍となり、栄一は幕臣となる。	長州征伐、薩長同盟
1867	慶応3	27	徳川昭武に従ってフランスへ出立（パリ万博使節団）。	大政奉還、王政復古
1868	明治1	28	明治維新によりフランスより帰国、静岡で慶喜に面会。	戊辰戦争（1868～1869）
1869	明治2	29	静岡藩に「商法会所」設立。	東京遷都
			明治政府に仕え、民部省租税正となる。	東京・横浜間に電信開通
			民部省改正掛掛長を兼ねる。	
1870	明治3	30	官営富岡製糸場設置主任となる。	平民に苗字使用許可
1871	明治4	31	紙幣頭となる。『立会略則』発刊。	廃藩置県
1872	明治5	32	大蔵少輔事務取扱。抄紙会社設立出願。	新橋、横浜間鉄道開通
1873	明治6	33	大蔵省を辞める。第一国立銀行開業・総監役。	国立銀行条例発布
			抄紙会社創立（後に王子製紙会社・取締役会長）。	地租改正条例布告

1874	明治7	34	東京府知事より共有金取締を嘱託される。	
1875	明治8	35	第一国立銀行頭取。 商法講習所創立。	
1876	明治9	36	東京会議所会頭。東京府養育院事務長（後に院長）。	私立三井銀行開業
1877	明治10	37	択善会創立（後に東京銀行集会所・会長）。 王子西ヶ原に別荘を建てはじめる。	西南戦争
1878	明治11	38	東京商法会議所創立・会頭（後に東京商業会議所・会頭）。	
1879	明治12	39	グラント将軍（元第18代米国大統領）歓迎会（東京接待委員長）。	
1880	明治13	40	博愛社創立・社員（後に日本赤十字社・常議員）。	
1882	明治15	42	ちよ夫人死去。	日本銀行営業開始
1883	明治16	43	大阪紡績会社工場落成・発起人（後に相談役）。 伊藤兼子と再婚。	鹿鳴館開館式
1884	明治17	44	日本鉄道会社理事委員（後に取締役）。	華族令制定
1885	明治18	45	日本郵船会社創立（後に取締役）。 東京養育院院長。 東京瓦斯会社創立（創立委員長、後に取締役会長）	内閣制度制定
1886	明治19	46	「竜門社」創立。東京電灯会社設立（後に委員）。	
1887	明治20	47	日本煉瓦製造会社創立・発起人（後に取締役会長）。 帝国ホテル創立・発起人総代（後に取締役会長）。	
1888	明治21	48	札幌麦酒会社創立・発起人総代（後に取締役会長）。 東京女学館開校・会計監督（後に館長）。	
1889	明治22	49	東京石川島造船所創立・委員（後に取締役会長）。	大日本帝国憲法公布
1890	明治23	50	貴族院議員に任ぜられる。	第一回帝国議会
1891	明治24	51	東京交換所創立・委員長。	
1892	明治25	52	東京貯蓄銀行創立・取締役（後に取締役会長）。	日清戦争勃発（1894）

1895	明治28	55	北越鉄道会社創立・監査役（後に相談役）。	日清講和条約調印
1896	明治29	56	日本精糖会社創立・取締役。 第一国立銀行が営業満期により第一銀行となる。 引続き頭取。 日本勧業銀行設立委員。	
1897	明治30	57	澁澤倉庫部開業（後に澁澤倉庫会社・発起人）。	金本位制施行
1900	明治33	60	日本興業銀行設立委員。男爵を授けられる。	
1901	明治34	61	日本女子大学校開校・会計監督。（後に校長） 東京・飛鳥山邸を本邸とする。	
1902	明治35	62	兼子夫人同伴で欧米視察。ルーズベルト大統領と会見。	日英同盟協定調印
1904	明治37	64	風邪をこじらせ長期に静養。	日露戦争勃発
1906	明治39	66	東京電力会社創立・取締役。 京阪電気鉄道会社創立・創立委員長（後に相談役）。	鉄道国有法公布
1907	明治40	67	帝国劇場会社創立・創立委員長（後に取締役会長）。	恐慌、株式暴落
1908	明治41	68	アメリカ太平洋沿岸実業家一行招待。	
1909	明治42	69	多くの企業・団体の役員を辞任。 渡米実業団を組織し団長として渡米。タフト大統領と会見。	
1910	明治43	70	政府諮問機関の生産調査会創立・副会長。	日韓併合
1911	明治44	71	勲一等に叙し瑞宝章を授与される。	
1912	大正1	72	ニューヨーク日本協会協賛会創立・名誉委員長。 帰一協会成立。	
1913	大正2	73	日本結核予防協会創立・副会頭。（後に会頭） 日本実業協会創立・会長。	
1914	大正3	74	日中経済界の提携のため中国訪問。	第一次世界大戦勃発
1915	大正4	75	パナマ運河開通博覧会のため渡米。	

1916	大正5	76	ウイルソン大統領と会見。 第一銀行の頭取等を辞め実業界を引退。 日米関係委員会が発足・常務委員。	
1917	大正6	77	日米協会創立・名誉副会長。	事実上の金本位停止
1918	大正7	78	渋沢栄一著『徳川慶喜公伝』（竜門社）刊行。	
1919	大正8	79	協調会創立・副会長。	ヴェルサイユ条約調印
1920	大正9	80	国際連盟協会創立・会長。 子爵を授けられる。	株式暴落（戦後恐慌）
1921	大正10	81	排日問題善後策を講ずるため渡米。 ハーディング大統領と会見。	
1923	大正12	83	大震災善後会創立・副会長。	関東大震災
1924	大正13	84	日仏会館開館・理事長。 東京女学館・館長。	米国で排日移民法成立
1926	大正15	86	日本太平洋問題調査会創立・評議員会長。 日本放送協会創立・顧問。	
1927	昭和2	87	日本国際児童親善会創立・会長。 日米親善人形歓迎会を主催。	金融恐慌勃発
1928	昭和3	88	日本航空輸送会社創立・創立委員長。 日本女子高等商業学校発起人。	
1929	昭和4	89	中央盲人福祉協会創立・会長。	世界大恐慌はじまる
1930	昭和5	90	海外植民学校顧問。	金輸出解禁
1931	昭和6	91	11月11日永眠。	満州事変

渋沢栄一史料館提供

●主な参考図書

著者	書籍	出版社など
	『旧足利市史』	足利市
石川明範 著	『近代製麻と鹿沼』	鹿沼市史研究紀要「かぬま 歴史と文化」
石川明範 著	『鈴木要三　栃木県に製麻工業を興した名望家』	随想舎「人物で見る栃木の歴史」
石川明範 著	『近代製麻工業と鹿沼・日光』	随想舎「続日光近代学事始」
今市史談会 編	『今市史談』	
	『宇都宮商工会議所五十年史』	宇都宮商工会議所
宇都宮美術館 編	『石の街うつのみや　大谷石をめぐる近代建築と地域文化』	宇都宮美術館
宇都宮美術館 編	『大谷石の来し方と行方』	宇都宮美術館
荻野万太郎 著	『適斎回顧録』	私家本
鹿島茂 著	『渋沢栄一』	文藝春秋
木村昌人 編	『ベスト・オブ・渋沢栄一』	NHK出版
鹿沼史談会	『鹿沼史林』	
駒場明房 著	『落合村総集編』	随想舎

主な参考図書

渋沢栄一 著『論語と算盤』筑摩書房
下野新聞社 編『足利の人脈』下野新聞社
下野新聞社編集局 著『栃木県誕生の系譜』下野新聞社
『帝国製麻株式会社三十年史』帝国繊維
栃木県歴史文化研究会『日光近代学事始』随想舎
『続日光近代学事始』随想舎
『二宮町史』二宮町
丸山光太郎 著『野州の土方物語』栃木県出版文化協会
宮崎俊弥 著『渋沢一族による栃木県柳林農社経営』共愛学園前橋国際大学論集
山澤学 著『日光東照宮三百年祭の奉祝と日光東西町の家体奉納』日光東照宮「大日光」

企画・編集　**下野新聞社**
構成・デザイン　**imagical**（イマジカル）

とちぎに生《い》きる渋《しぶ》沢《さわ》栄《えい》一《いち》
地《ち》域《いき》振《しん》興《こう》 陰《かげ》の立《たて》役《やく》者《しゃ》

2020年11月30日　初版第1刷発行
2021年 4月20日　初版第2刷発行

編　者　下野新聞社コンテンツ創造部
発　行　下野新聞社
〒320-8686　栃木県宇都宮市昭和1-8-11
TEL 028-625-1135
FAX 028-625-9619
印　刷　(株)松井ピ・テ・オ・印刷
栃木県宇都宮市陽東5-9-21
TEL 028-662-2511
製　本　(株)渋谷文泉閣

ISBN978-4-88286-773-9 C0021